（女優・モデルが
密かにやっている）

リバウンドしない
体幹
ダイエット

プロトレーナー
木場克己
トレーニングモデル
澤山璃奈

KKベストセラーズ

はじめに

体幹というと、アスリートにとって非常に重要な強化ポイント、というイメージがあるかと思います。しかし実は、スポーツをしない一般の人にとっても大事なものなのです。特に男性に比べて筋《きん》量《りょう》が少ない女性にとっては、体幹、そしてインナーマッスルを鍛えることはメリットが盛りだくさん。**見た目がムキムキになることなく体重を落とすことができ**、体の芯を作ることで**姿勢が良くなります**。女性を悩ます**肩こりや腰痛も劇的に改善されます**し、代謝が良くなることで**便秘対策や美肌効果も**見込めます。美と健康を維持するためには、体幹の強化は必要不可欠なものなのです。

本書ではお家で誰でも簡単に、**特別な道具を必要とせ**

ず、１日５分で成果が上がる女性のための体幹トレーニングメニューを用意しました。これを１週間ほど続ければ、まずは体が軽くなることが実感できると思います。そして２週間目には柔軟性を取り戻し、３週間～４週間後には体重が徐々に落ち始め、**ポッコリお腹やプニプニした脇腹が改善されて、目標の体形にググッと近づく**ことでしょう。

さらにＳｔｅｐ６では、産後女性に必要な**骨盤底筋群の強化**や、若い女性に増えている**ロコモティブシンドロームの対策メニュー**にも触れています。これらを継続的に行うことで、10年後、20年後も美しい体を保てるはずです。本書を手に取っていただいた女性が、１人でも多く健康で美しい体になれることを心から願っています。

木場克己

本書モデル　澤《さわ》山《やま》璃《り》奈《な》さん

私のボディメイク術 KOBA式

「1ページだけでいいから今日やろう」って思ったら、もうあなたの勝ち！

私はすごい大食漢で、普通の男性よりもよく食べるんです。だから油断をすると、すぐに「ズボンの上にお肉が乗ってる」状態になり、姿勢も肌荒れもひどくなり、さらには選手時代に酷使した腰や股関節も痛みだして、健康に悪影響が出てきてしまうんです。それでも、今までは仕事の前に戻せばいいやって無理してダイエットをしていたんですが、年を取るごとに元の状態に戻すための時間が増えていき、それでＫＯＢＡ式体幹トレーニングを継続的に行うようになりました。

体幹の重要性は選手の頃から理解していましたが、とはいえ鍛えるとなると大変ですよね。トレーニングを始めようと思っても、始めるためのスイッチが億劫でなかなか入らなかったり、いざ始めても目標とハードルが高すぎて、すぐさぼっちゃったり。だから私の場合はハードルをあえて低くして、1日5分でいいからやろうって決めました。「この本のトレーニングを全部やる！」って思ったらめちゃくちゃ大変ですが、「どれか1ページだけでいいから毎日やろう！」って思うと、ずいぶん楽になります。まったくやらないと体も緩むし気持ちも緩んでしまいますので、緩いペースでいいから、一瞬でもやってるんだっていう期間を継続する。まずはこれを目標にしました。ただ、やり始めてペースを掴めば、「これもやろう、あれもやろう」って気持ちも出てきますし、やったらやったで自分の体にちゃんと返ってきます。先日テレビの番組でフルマラソンに挑戦したんですが、足が痛くならずに完走できたのは、体幹を鍛えた証拠だとトレーナーの方に言われました。「やり始めスイッチ」さえ入れれば、ダイエットは勝ちも同然です。

無理な食事制限はかえって太る原因！
1日単位でバランスのいい食事を

「やり始めスイッチ」に関しては、食事でストレスを溜めないことも重要だと思います。以前、糖質オフダイエットを2カ月やったんですが、全然やせず、それどころか「炭水化物じゃなきゃいいや」ってお肉やチーズを爆食して太ったことがありました。何かを我慢した後はリバウンドもしやすいですし、それならバランスの取れた食事をしっかり摂ることの方が大事なんじゃないかなって思うんです。1食ごとにバランスの取れた食事となると、「あれもこれも食べなきゃ」って大変で、お金もかかりますが、例えば、朝にごはんと卵を食べたとしたら、昼はお肉、夜は野菜とか、1日単位でバランスを取るような食事方法なら誰でも簡単にできると思います。「食べ過ぎ」には注意が必要ですが、この方法なら食事で体に負担をかけることなく、健康的にダイエットすることができるハズです。ダイエットは絞ればいいってものではないですし、体のためには少しの脂肪は付けてあげないと体力も落ちちゃいます。筋肉があって脂肪もあって、そのバランスをベストにするために、自分のカラダをデザインしている感覚でトレーニングするのが理想だと思います。気づいた頃には体力も筋力も自信もついて、きっと普段の生活が楽になっていますよ！

澤山璃奈（さわやまりな）

さわやま・りな　1988年生まれ。新横浜プリンスホテルFSCおよび法政大学体育会スケート部フィギュア部門出身。2004～06年には全日本フィギュアスケートジュニア選手権でアイスダンス３連覇を達成。現在プロスケーターとして様々なアイスショーに出演し、また女優・タレントとしてダンスボーカルユニット「LOVEACE」としても活動。ＢＳ日テレのランニングエンターテインメント『サブ４!!』にレギュラー出演中。

女優・モデルが密かにやっているリバウンドしない体幹ダイエット

Step 1

Contents

Step 2

あなたのカラダは大丈夫？

Step 3

1日たったの5分でOK！

Step 4

カロリー消費効率が上がる
「モデルウォーク」をマスターしよう

Step 5

キレイな〝私〟をキープしよう
リバウンドしないカラダ作り

Step 6

BEFORE AFTER

**3週間で
これだけ変わる**

ケース1

食事制限せずにお腹を凹ませたい！

U野さん／女性／34歳／既婚／会社員／子供なし
身長163.5cm

BEFORE

ウエスト
79.8cm

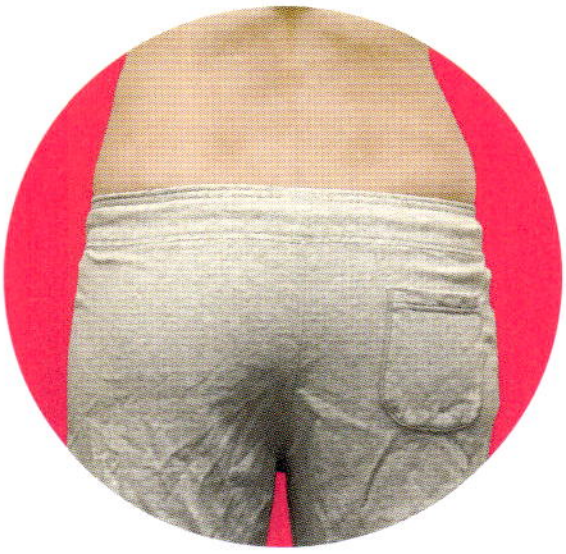

ヒップ
95.8cm

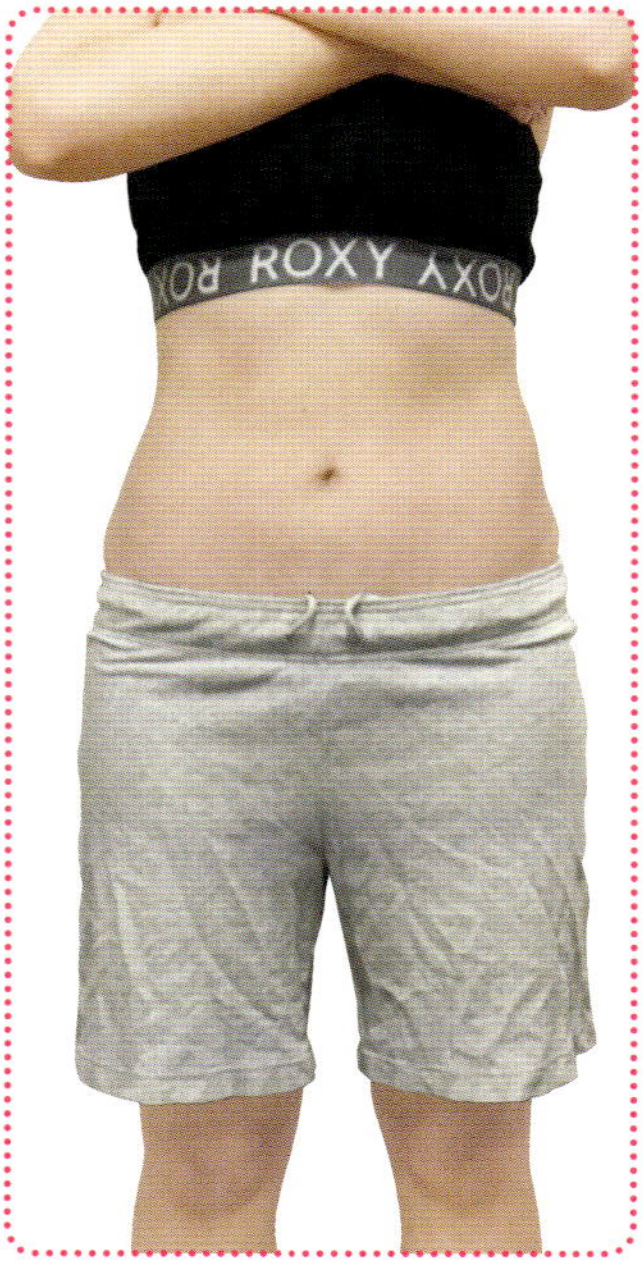

目標

- お腹まわりを凹ませたい
- すぐに疲れてしまうので体力をつけたい

BMI	体脂肪率	内臓脂肪率
22.1	31.2	4.5

AFTER

行ったトレーニングメニュー

基礎トレーニング（p50～59）
クランチ（p76～77）
フロントブリッジ（p80～81）

改善点

- 特にヒップが大幅に締まった
- 運動時の呼吸が安定
- ぐっすり寝られる

-2.3cm

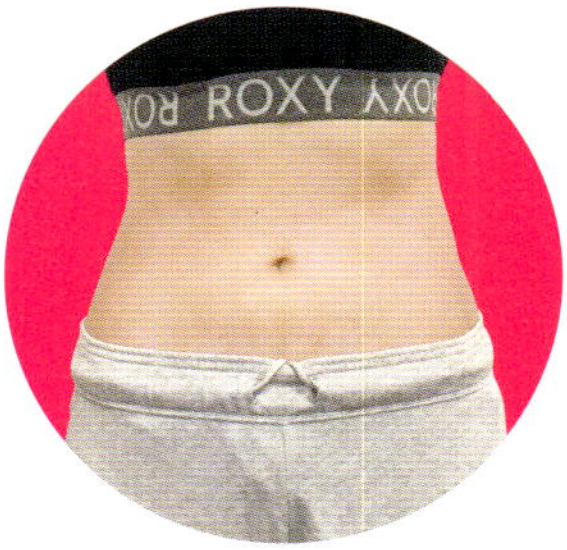

ウエスト
77.5cm

-5.8cm

ヒップ
90.0cm

±0	-1.2	-1.1
内臓脂肪率 4.5	体脂肪率 30.0	BMI 21.0

BEFORE AFTER

3週間で
これだけ変わる

ケース1

産後のお腹のたるみを直したい！

K田さん／女性／34歳／既婚／会社員／子供2人
身長169・0cm

BEFORE

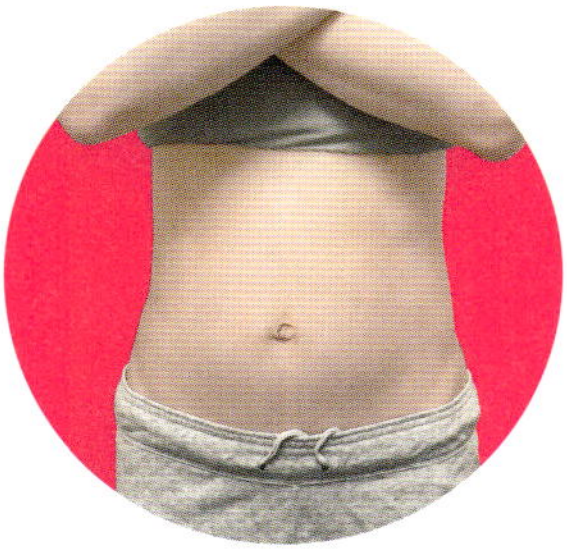

ウエスト
75.4cm

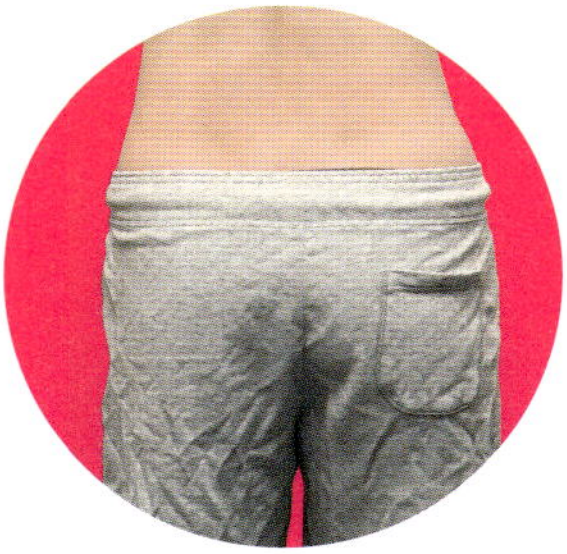

ヒップ
90.3cm

目標

- 筋肉ムキムキにならずにお腹のたるみを直したい
- 膝の痛みをなくしたい

BMI
19.3

体脂肪率
21.7

内臓脂肪率
2.5

AFTER

行ったトレーニングメニュー

フロントブリッジ（p80〜81）
ニートゥチェストクランチ（p96〜97）
レッグリフト（p102〜103）など

改善点

- ウエストとヒップが凹んだ
- 膝の痛みが改善
- 起床時のだるさがなくなった

＼-7.4cm／

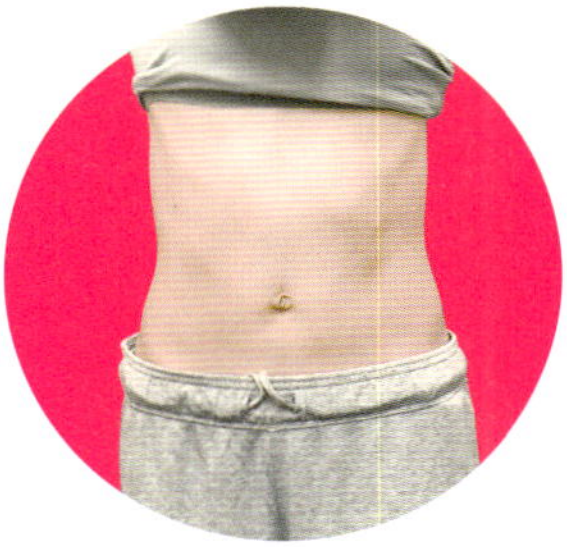

ウエスト
68.0cm

＼-4.9cm／

ヒップ
85.4cm

内臓脂肪率	体脂肪率	BMI
＼-0.5／	＼-1.5／	＼-0.5／
2.0	20.2	18.8

ムリな食事制限を行わず だけど着実にお腹が凹んだ

——P12のU野さん

太りすぎで危機感があった半面、食べることがやめられずに「ダイエットなんてもういいや」って諦めてた部分もあったんです。だからムリせずお腹を凹ますことができて、自分でも驚いています。トレーニング自体は週に2回ほど通ってトレーナーの方に指導していただいたほか、自宅では寝る前にパジャマでできるような簡単なものを行い、あとは空いた時間にテレビを観ながらなど、「ながら」でやっていました。ただし、仕事でできなかった日は次の日の朝にやったりと、とにかくマイナスな日を作らないようには心がけていました。食事も本当に食べるメニューや間食に制限がありませんでしたが、個人的に水をいっぱい飲むようにするとか、よく噛んで食べる、おやつの量を減らすなどのことは意識して行っていました。こうして3週間のメニューを終えてみて、体重自体はそこまで変わってないですが、とにかく体が軽くなりました。動くとすぐにゼエゼエ言っていたのにそれもなくなり、夜もぐっすり寝られるようになりました。ストイックにやればもっとやせられたとは思いますが、これくらいののんびりなペースが自分にはちょうどいいかなって思いますし、なにより今後も続けられそうなのがいいですね。健康に気を使うようになったのも大きな収穫です。

U野さんの食事メニュー

朝
和食ベースの汁物プラス3〜4品。トレーナーからのアドバイスがあり、果物やおからを朝に食べるよう心がけたそう。

昼
サラダプラス1〜2品といった、軽めのメニューが中心。朝にサラダを食べなかった日などは昼に食べるようにした。

晩
夜もあっさりした和食を中心とし、温野菜などを意識して摂るように。その日に飲んだ水の量も記録している。

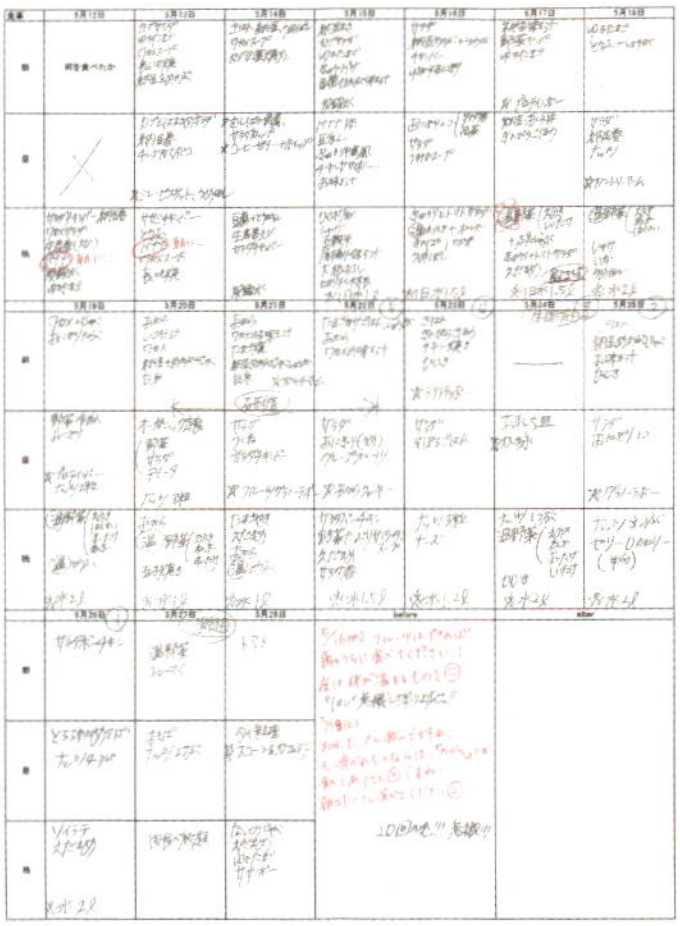

INTERVIEW

産後にたるんだお腹の引き締めに成功！

――P14のK田さん

年齢とともに体形が変わってきて、特に1人目を産んだ後からすごくお腹が出てきてしまったんです。しかも戻している最中に今度は2人目を妊娠。これはもう普通の生活をしているだけでは戻らないなと思い、KOBA式を始めてみました。トレーニングはフロントブリッジやクランチなどお腹の引き締めを重点的に、まさしく「ながら」でやってました。具体的には寝る前に子供に絵本を読み聞かせながらドローインをやり、腰を上げて…などなどです。ちょっとした合間にやるようにして、毎日合わせて10～30分ほど行っていました。とはいえ食品会社で商品開発の仕事をしているため、食事についてはどうしても仕事上の間食が多くなってしまうんです。

ですので仕事以外の間食を減らしたり、夜に炭水化物を摂らないなどは意識してました。結果的にお腹が引き締まり、ウエストも7・4㎝もサイズダウン。

実は出産後、お腹とともに膝も痛くなってしまったんですが、これはお腹の体幹が緩んでしまったことで骨盤が不安定になり、その下の関節に負担がかかってしまったことが原因だそうです。これも改善できましたし、トレーニングの効果がとても実感できました。今後は骨盤底筋群のエクササイズを中心にやっていきたいです。

K田さんの食事メニュー

朝

エネルギーのもととなる炭水化物は朝に摂るように意識し、プラス味噌汁、しらすなどでバランスの良い食事を心がけた。

昼

仕事上の間食が多く、忙しい時は昼食抜きになるなど不規則になりがちだが、食べられるときはガッツリ系だ。

晩

夜は炭水化物をなるべく摂らないようにし、サラダを中心に肉類など昼食との帳尻を合わせるようなメニュー。

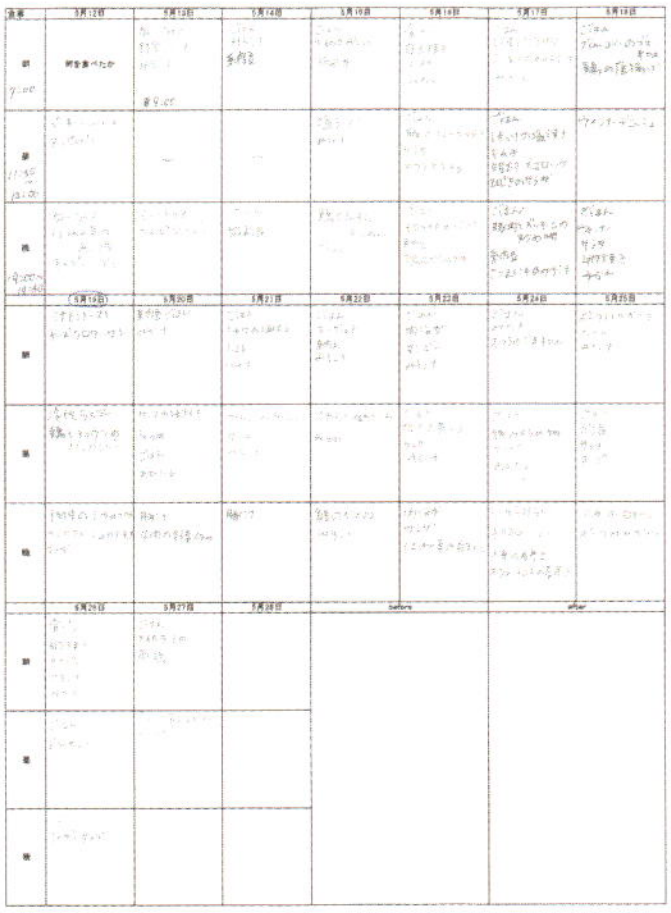

次はあなたの番です！

Step 1

ストレッチだけでお腹が凹むって本当？

リバウンドしない
体幹ダイエット
基本の「き」

Diet
Basics

そもそも体《たい》幹《かん》って？

スポーツ界で注目を集めたのをきっかけに、一般にも広まった「体幹」ですが、そもそもどういったものなのでしょうか。体幹とは頭・腕・脚を除いた部分、つまり胸やお腹の部分のことで、背中や腰も体幹に含まれます。なかでもお腹まわりについて語られることが多いですが、その理由は、胸には肋骨、腰には骨盤という大きな骨があるのに対し、お腹の骨は背骨（脊柱）しかなく、**お腹を支える“内側の筋肉”（インナーマッスル）を鍛えることが、さまざまな動作や姿勢を安定させるために必要**になってくるからです。

体幹部のインナーマッスルは、**背骨を支える筋肉（多裂筋や脊柱起立筋）**やコルセットのように**お腹を支える筋肉（腹横筋）**などがありますが、この部分が弱ってくると姿勢の悪さや腰痛、肩こりなど、数々の悪影響が出てきます。文字通り「体の幹」と表現するのにふさわしい重要な部位で、アスリートだけでなく私たちの体にも欠かせないのが体幹なのです。

ここが体幹

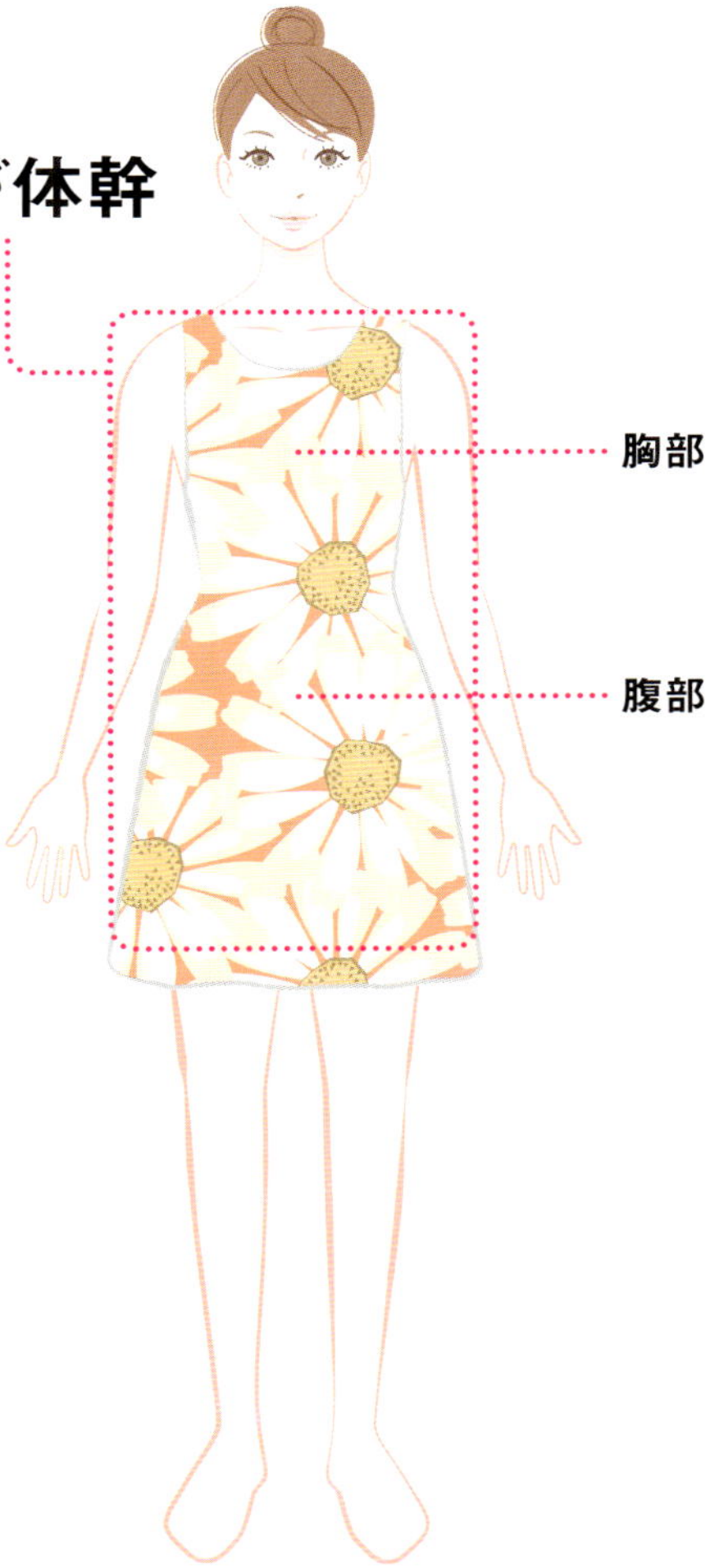

体幹部の インナーマッスル

特に背骨と並行する多裂筋、お腹をコルセットのように支える腹横筋は体幹部の安定性や姿勢の制御、腹部の引き締めなどの役割を担っている。

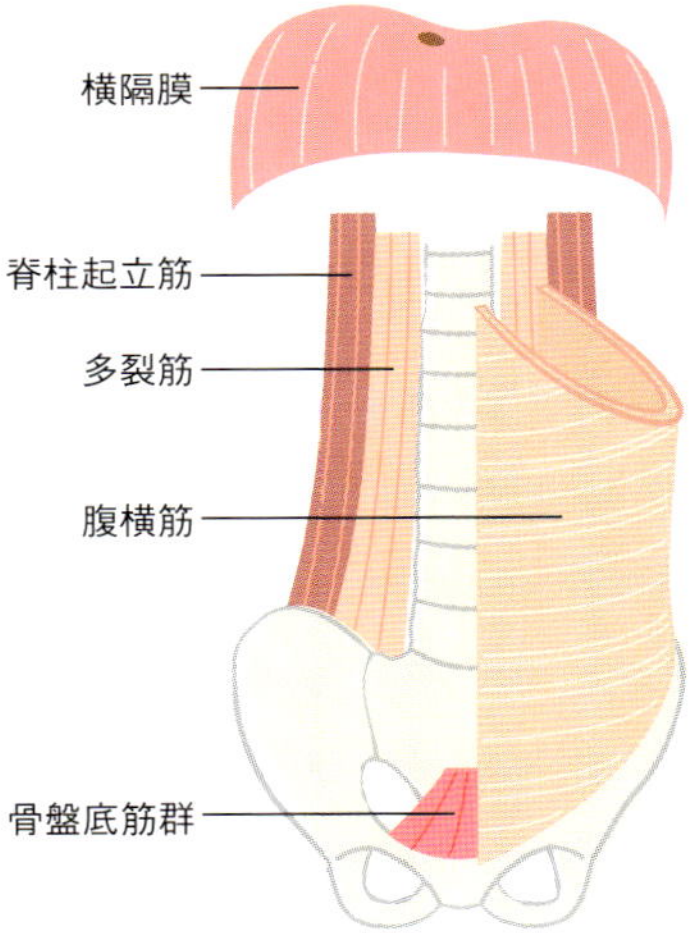

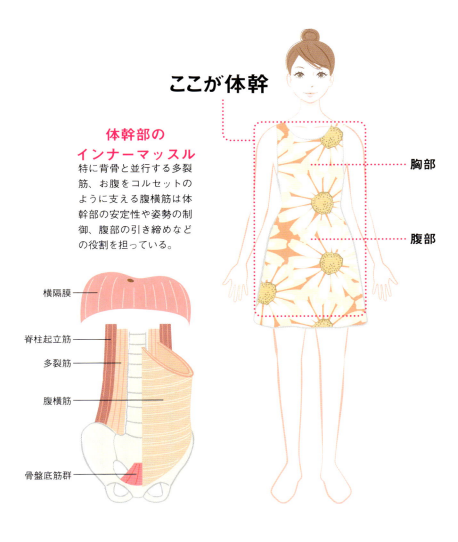

なぜ体幹がダイエットに効くの？

体を支える体幹がなぜダイエットにいいのでしょうか。それは1日の基礎代謝量に関係します。１日に消費するエネルギーと摂取するエネルギー（食べる量）の総量を比べたとき、エネルギー摂取の方が多いと「余分な栄養＝体脂肪」として体に蓄積されますが、エネルギー消費の方が多いと脂肪は分解・燃焼されていきます。つまりエネルギー消費を多くすれば、体はやせるというわけですが、私たちが1日に消費するエネルギーのうち、**基礎代謝が占める割合は60〜75%もあり、そのうち4割近くが勝手に筋肉で消費されているのです。**

さらに筋肉には体の深層部にあるインナーマッスルと、体の表層部にあるアウターマッスルの2種類がありますが、**体を動かすときには必ずインナーマッスルが先に働くため、インナーマッスルを鍛えている人はその分だけ脂肪を燃焼させやすくなる**のです。体幹ダイエットは、このインナーマッスルの筋量を増やすことで、基礎代謝を上げ、よりやせやすい体を作ることが目的です。

トレーニングで基礎代謝量がUP!

エネルギー消費の割合

基礎代謝
60 ～ 75%
脳や心臓を動かし、内臓の活動などによって使われるエネルギー。

活動による
エネルギー消費
15 ～ 30%
日常生活の活動の活発化や運動などによって高めることができる。

食事による
熱生産 5~10%
食事を摂ったあと消化器官が働いて数時間は代謝がアップする。

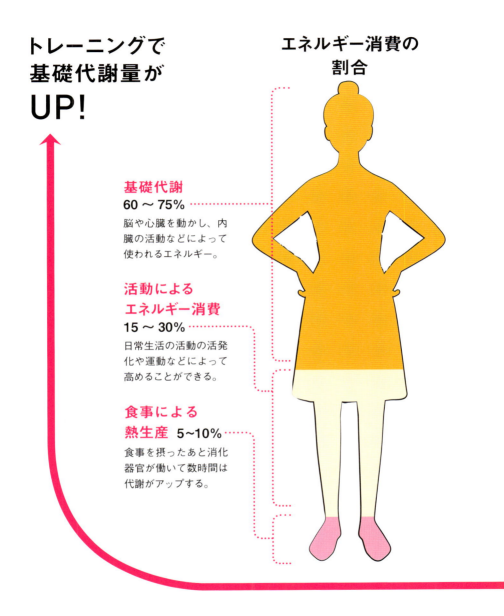

1日5分の「ながら」ストレッチで無理せず凹む

「1日5分のストレッチでやせる」と言われても、なかなか信じられないかもしれませんが、これには明確な根拠があります。

体幹を整えるためには、アウターマッスルとインナーマッスルをバランスよく鍛える必要がありますが、しかしインナーマッスルは体の深い部分にあり、見た目では分かりにくいのです。

本書で紹介するストレッチは、このインナーマッスルを重点的に伸ばして刺激することで、眠っていた筋肉たちを呼び起こすことができます。**ストレッチによって筋肉を伸ばすと、血流を促進して代謝が高まるほか、関節の可動域が増えて動きやすくやせやすい体を手に入れる**ことができるのです。

正しいストレッチをマスターして「どこをどう伸ばしたら効果的か」を理解できれば、「ながら」ストレッチだけでなく、日々の生活でも体幹を意識した姿勢・動きが可能となり、ダイエット効果がグンとアップするのです。

洗濯物を干し「ながら」

テレビを観「ながら」

DIET BASICS

体幹ダイエットのメリット❶

姿勢が良くなる

体幹ダイエットを実践すると、やせる以外にもさまざまなうれしい効果が得られます。そのひとつが**「正しい姿勢」を身に付けられる**ことです。**正しい姿勢とは、頭から脚までが一直線になっている状態。背筋がピンと伸びた姿勢は見た目も美しく、凛とした印象を与えてくれます。**ところが体幹部のインナーマッスルが弱い人には難しい姿勢です。人の頭の重さは、およそ体重の10％といわれていますが、インナーマッスルが弱い人は頭を支える首の筋肉や背中の筋肉に負担がかかり、ついつい体が前に倒れてしまうのです。仕事でパソコンを使っている人や、普段からスマホを眺める機会が多い人は猫背になりがちで、これは体幹をサボらせてしまった結果です。

試しに、いま自然な状態で立ってみてください。手のひらの位置はどこにありますか？　太ももの真横にあるのが正しい姿勢ですが、**体幹が弱く猫背のある人は、自然に立ったときに手のひらが太ももよりも前に出てしまいます。**

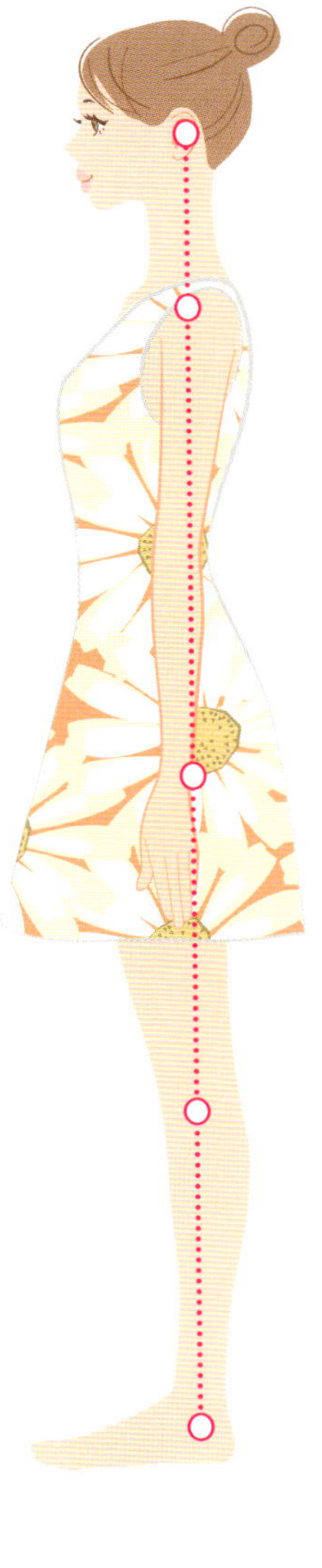

耳、肩、骨盤、膝、くるぶしが一直線になり体軸が安定する

体幹のインナーマッスルを鍛えると、首や背中の筋肉が頭をしっかりと支えられるようになるため、軸のある正しい姿勢を維持できる。

肩甲骨が前に寄り
首から背中の筋肉が
固まってしまっている
背骨の歪みがもとで
お腹に負担がかかり
胃腸の不調の
原因となる

体幹ダイエットのメリット❷
肩こり、腰痛にも効く

体幹ダイエットで得られる2つ目のメリットは**「肩こりや腰痛の予防・改善」**です。この理由は、メリット①で説明した「姿勢が良くなる」とも大きく関わっています。

そもそも首や肩がこる原因は、体幹が弱く正しい姿勢を維持できないからです。頭を支えられず、首と肩の筋肉に余計な負担をかけてしまっているのです。この結果、筋肉が硬く張ってツライ状態になってしまうのが肩こりです。だから**マッサージで筋肉をほぐしても、姿勢が悪いままではすぐに逆戻り。**根本的に解決するためには体幹を鍛えて姿勢を良くする必要があります。一方、腰痛も姿勢の悪さと体幹の弱さが原因です。腰まわりの筋肉に余計な負担がかかると、関節を守れずに歩く際などの衝撃がそのまま伝わってしまいます。

体幹ダイエットは姿勢を正すとともに、体幹部の重要な筋肉の柔軟性を取り戻す動きが取り入れられているのです。

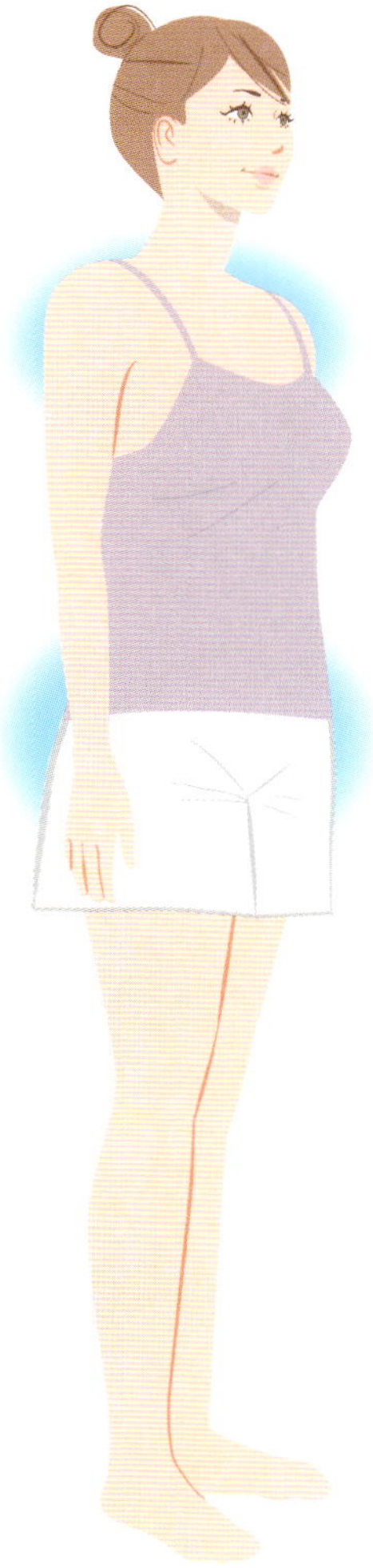

体幹が安定する

↓

猫背が直り
頭と肩のラインが
まっすぐになる

↓

首、背中の筋肉の
負担が軽くなる

↓

肩こり・腰痛が
劇的に良くなる

体幹ダイエットのメリット❸

便秘や肌荒れも解消できる

ほかにも体幹ダイエットには**「便秘改善」や「美肌効果」**といった女性特有の悩みを解決してくれるうれしいメリットがあります。

体幹を鍛えると、内臓が正しい位置に落ち着いて機能が正常に働きます。腸の働きも活発化するため、便秘の改善につながるのです。また、便秘の原因のひとつに冷え性が挙げられますが、女性に冷え性が多い理由は、男性よりも筋肉量が少ないからです。実は**人の体温の４割以上が筋肉によって生み出されていて、体幹を鍛えて筋肉量を増やせば、冷え性を改善するとともに腸内環境も改善**されるのです。さらに腸内環境が改善されると、お肌のコンディションも改善されます。**「肌は内臓の鏡」ともいわれ、腸をはじめとした内臓機能が低下すると老廃物が正常に排出されず、血液に運ばれて肌荒れを起こしてしまいます。**

しかし、体幹を鍛えることでこうした不調は解消されます。カラダの内側から外側までキレイにしてくれるのが体幹ダイエットなのです。

肌に張りやツヤが出てくる

頬のたるみやむくみが解消

顎のラインもシャープに

化粧ののりがUP

体幹を鍛えると胃腸などの内臓機能が正常に働き、お肌をキレイにしてくれる。またリンパの流れも良くなって顔のむくみ解消にも。

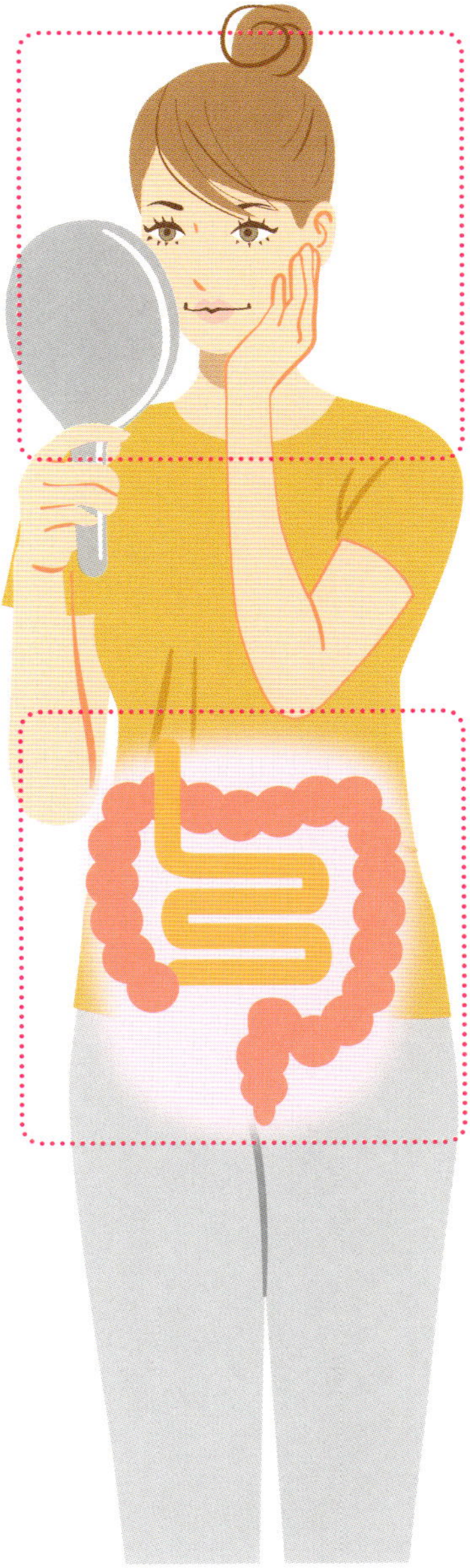

生理不順にも効果あり

便秘の解消

冷え性の改善

免疫力アップ

腸内環境が良くなることで便秘が解消されるほか、筋力量の増加で冷え性改善や免疫力アップ。さらに骨盤の歪みを安定させることで生理痛や生理不順にも効果が。

COLUMN 1

より効率よく基礎代謝を上げるには？

体幹のインナーマッスルを鍛えて基礎代謝量を高めると、やせやすい体へと変化していくことは先述しましたが、事前に基礎代謝を高めてからトレーニングを行えば、相乗効果によってダイエット効果がより期待できます。

最も有効な方法は「汗腺が開いた状態」で体幹ダイエットを行うことです。体を温めると汗腺が開きやすくなるため、自宅でトレーニングするときは入浴後がオススメ。入浴中に軽いストレッチを行っておくのも有効です。

また、ウォーキングなどの軽い運動でも汗腺が開くので、仕事から帰宅する際、駅から家までの道のりを早歩きや「モデルウォーク」（Ｓｔｅｐ４参照）で帰り、そのまま家でトレーニングするのも効果的です。

冬場は汗腺が開きにくいため“体を温めない状態”からトレーニングを行うと、夏場に比べて効果が薄くなる可能性があります。

入浴や軽い運動を取り入れるなどの工夫で、効率的なトレーニングを目指しましょう。

Step 2

あなたのカラダは大丈夫？

今の自分の
体幹力を
チェックしよう

Let's
Check

LET'S CHECK

自分の弱点を知れば やるべきことが見えてくる

体幹の機能で大切なのは、大きく**「姿勢」「バランス」「筋力」「柔軟性」の4つ**に分けられます。姿勢やバランスは体幹のインナーマッスルに関わり、強い芯となる体軸を作ります。一方、筋力は体幹のアウターマッスルに関わり、上半身と下半身を連動させるなどの重要な働きがあります。そして柔軟性は筋肉を動かす幅（可動域）に関わり、トレーニングの効果を左右します。

運動をサボりがちな人は、これら4つの機能が低下している可能性が高いです。そこで、体感ダイエットを始める前に、まずは「今の自分の体幹の状態」を把握することが重要です。

これからみなさんには、5つの簡単な動作テストを通じて、どの機能が低下しているかをチェックしてもらいます。**低下している機能を自覚し、その機能を重点的に鍛える**ようにしましょう。**4つの機能をバランスよく鍛えることで、体幹ダイエットの効果がグンとアップ**します。

ボディメイクのための4つのキーワード

LET'S CHECK

体幹力チェック 1

バランス

片足立ちで10秒キープ

片足立ちで左右それぞれ10秒キープして、姿勢とバランスを確認します。筋力や柔軟性は左右にばらつきがある人が多く、できるだけ均等になるようにトレーニングしましょう。10秒キープできない人は、体幹のインナーマッスルを鍛える必要があるので、P76・78・80・98・102のトレーニングを重点的に行いましょう。

姿勢を正して膝を抱える

片方の足を上げ、両手で膝を抱えて胸に引きつける。背筋を伸ばしたまま、左右それぞれ10秒キープ。

このままの姿勢で
10 秒キープ

NG ×

体幹のインナーマッスルが弱いと、上体がぐらついてしまう。

Point

背筋をまっすぐ伸ばしたまま、バランスを保てるように意識しよう。

LET'S CHECK

体幹力チェック2 バランス

つま先立ちでまっすぐ立てる?

姿勢を保ったまま、3秒間つま先立ちできるかを確認します。成人女性の頭の重さは体重の約10%といわれ、この重さに耐えられずにバランスを崩してしまう人は、上半身全体の筋力が弱っている証拠です。グラグラしてしまったり、猫背になってしまう人はP76・78・80・98・102のトレーニングを重点的に行いましょう。

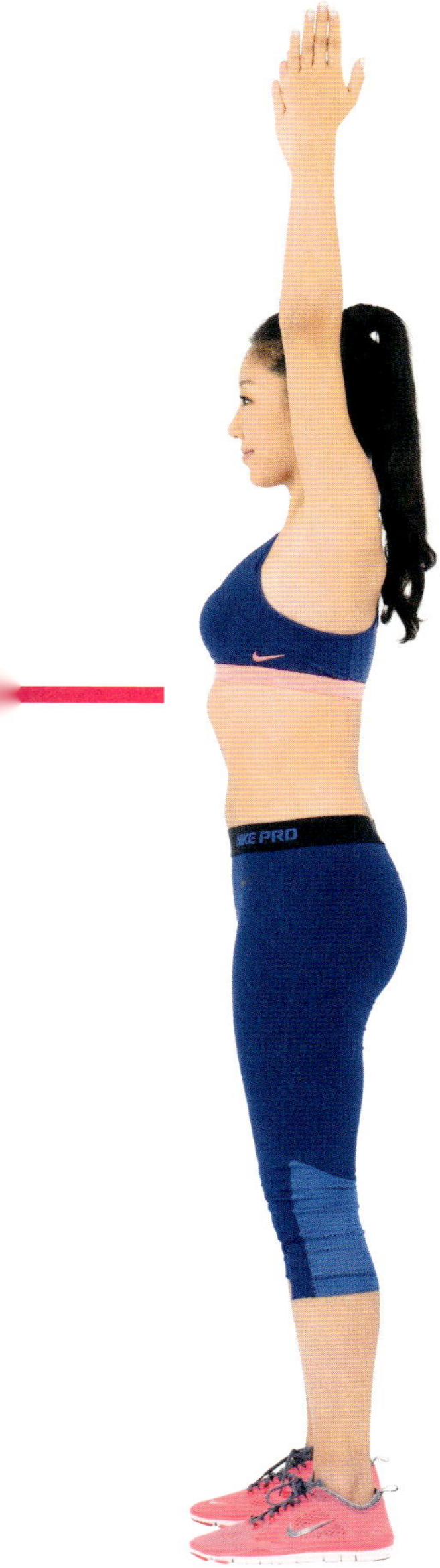

1 自然な姿勢で立って腕を上げる

肩幅程度に両足を開き、力を抜いて立った状態から両腕を耳に合わせてまっすぐ上げる。

NG

踵を上げたとき、猫背になって前屈みにならないように。

3 このままの姿勢で秒キープ

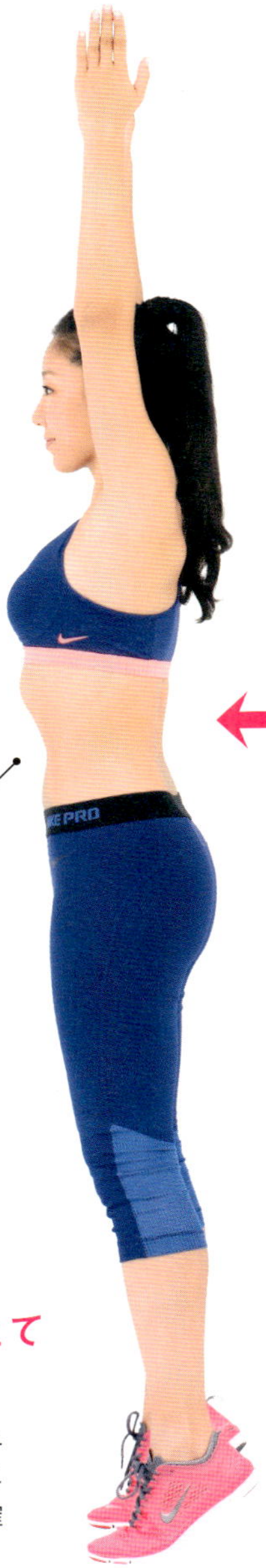

Point

視線をまっすぐ前へ向け、姿勢を保ったまま頭を支えよう。

2

頭の重さを支えて姿勢を整える

1のポーズから踵を上げて、姿勢を崩さずに3秒キープできるか確認しよう。

LET'S CHECK

体幹力チェック3

筋力

お腹で体を持ち上げてみよう

仰向けの状態からお腹の筋肉だけで上半身を持ち上げられるかをチェックします。手が膝に届かなかったり、足が床から浮いてしまったりする人は、お腹まわりの筋肉が弱っている証拠です。体幹のアウターマッスルを鍛える必要があるので、P82・104のトレーニングを重点的に行いましょう。

1 膝を曲げてリラックス

仰向けになり膝を90度くらいに曲げる。この体勢からお腹の筋肉だけを使い、勢いをつけずに上半身を起こす。

NG 上半身が上がらず手を膝上まで伸ばせない

2

ゆっくりと上半身を持ち上げる

3秒かけて上半身を持ち上げ、5秒キープ。このとき両腕は膝上の高さで床と水平になるようにまっすぐ伸ばす。

5 背中を伸ばして秒キープ

Point

お腹の下の部分を引き締める意識で、上半身を持ち上げよう。

LET'S CHECK

体幹力チェック4

柔軟性1

カラダはどこまで曲げられる？

足裏を合わせた状態から上半身を前に倒し、太ももの内側の筋肉（内転筋）と背中まわりの筋肉の柔軟性をチェックします。特に内転筋は年齢を重ねると固くなりやすい筋肉で、固くなると骨盤のバランスが悪くなってしまいます。柔軟性が低い人は、Ｓｔｅｐ３の腹凹ストレッチを重点的に行いましょう。

1

足裏を合わせて引き寄せる

足の裏を合わせて両手で掴み、股関節に引き寄せる。このとき柔軟性が低い人ほど膝が高くなってしまう。

2

ゆっくりと上半身を倒していく

背筋を伸ばしたまま上半身を前に倒し、額を足に近づける。額とつま先の間が10cmまで近づくか確認しよう。

Point

上半身を倒す際、なるべく背中が丸まらないように意識しよう。

LET'S CHECK

体幹力チェック 5

柔軟性 2

股関節の柔らかさをチェック

両足を開いて腰を沈めるポーズをし、股関節の柔軟性をチェックします。お腹の深い部分にある筋肉（腸腰筋）は、体幹を構成するための重要なパーツで、この筋肉が衰えるとぽっこりお腹の原因に！　腰が膝の高さよりも高かった人は、Ｓｔｅｐ３の腹凹ストレッチを重点的に行いましょう。

1

両足を開いて両手を前に伸ばす

両足を肩幅よりも広く開いて立つ。両手を前に出し、床と水平になるように伸ばしてキープする。

Point

顎を引いて背筋を伸ばす。以後の行程でも背中が丸まらないように。

どこまで腰を落とせる？

2

ググッと腰を下げていく

上半身を少し前に倒し、腰を沈み込ませていく。このとき踵が浮かないように気をつけよう。

3

腰が膝より下がればOK

最終的な腰の高さが膝よりも低ければ柔軟性はバッチリ。股関節の柔軟性だけでなく、足首の柔軟性も求められる。

COLUMN 2

トレーニングを行う時間はいつが効果的？

体幹ダイエットは１エクササイズにつき１分程度で行えるものばかり。そのためアチコチの隙間時間を有効活用することができます。例えば通勤電車のつり革に掴まりながらp66のドローインを行ったり、昼休憩時にp80のハーフスクワットを行ったり。もちろん、まとまった時間を取って５分～10分ほどトレーニングをする方が集中できて理想的ですが、やらない日を作らずに、１日１分だけでもいいから長く継続することが重要です。

ただし注意点としては、食後90分以内に行うと、トレーニング効果が下がってしまう恐れがあること。食べ物が胃に残った状態で体を動かすと、胃に負担がかかってしまい、パフォーマンスが落ちてしまいます。実際、アスリートの場合は試合の３時間前までに食事を終わらせることを義務づけしているチームもあります。一般の人がトレーニングする場合も、最低でも食後90分は避けたほうがいいでしょう。

Step 3

1日たったの5分でOK!

「ながら」
腹凹（ペコ）ストレッチ

Stretch

STRETCH

まずはダイエット記録を付けよう

自分の体の弱点が分かったら、いよいよ1日5分の体幹ダイエットをスタートさせましょう。始めるにあたり、トレーニングによる体の変化を知るためダイエット記録を付けていけばより効果的です。**記録するのは体重だけでも構いませんが「体脂肪率・ＢＭＩ値・基礎代謝量・心拍数」を加えた計5項目**がオススメ。

近年は体重計も進化し、体重や体脂肪率だけでなく、ＢＭＩ値・基礎代謝量・骨量・心拍数などさまざまなデータを計測してくれるタイプも多く発売されています。さまざまな変化に気づけば、きっとダイエットを続けるモチベーションとなるはずです。

なかでも起床直後の安静時心拍数は、「前日よりも高ければ疲れ気味」「前日よりも低ければ好調」といった優秀なバロメーターとなりますが、**体幹が安定してくると同じ運動量でも心拍数が一定になってくるため、数字の上でも体幹がついてきたことが実感**できます。ぜひとも活用してください。

体重以外に測りたい項目は

1 体脂肪率
2 BMI 値（肥満率）
3 基礎代謝量

だけど……

一番分かりやすいバロメーターは

心拍数！

スマホのカメラレンズに指を当てるだけで心拍数を測れるアプリもあるので、起床時に心拍数を測る習慣を。

❶ 肩と胸の柔軟性を取り戻そう

肩まわりや胸の筋肉が硬くなると、猫背になって姿勢が崩れてしまいます。正しい姿勢を保って体幹を効率よく働かせるため、肩と胸の柔軟性を取り戻しましょう。なお、肩まわりの柔軟性は肩こりの改善・予防にも効果があり、胸の柔軟性は美しいバストを維持する効果もあります。デスクワークが多い人は仕事の合間にも取り入れてみましょう。

3秒で吸い…

1 体を大きく見せるイメージで

息を吸いながら両腕を大きく左右に伸ばして、肩甲骨を背骨に寄せて胸郭を広げるようなイメージ。

ここまでで

1分／5分 ＝10秒×6回

7秒で息を吐き出す

2

胎児のようにカラダを丸める

息を吐きながら腕をクロスさせて、背中を丸める。肩甲骨周辺の広がりを感じよう。

STRETCH

1日たった5分でOK

ながら腹凹ストレッチ

②

猫のポーズで背中とお腹の筋肉を伸ばす

座っている時も立っている時も、背中の筋肉は姿勢を保つために緊張しています。自分でも気がつかないうちに疲れが溜まり、柔軟性が損なわれることもあるのです。そうなるとお腹の筋肉にも悪影響を与え、結果的に体幹部の機能が低下してしまいます。「背中が張ってツライ」と感じる前に、大きな動作で筋肉を伸ばしてほぐしましょう。

1

お腹を引き込んで四肢を床に

上半身は水平を保つようにして、両手を肩幅に、膝を腰骨の幅に開いて床につく。

2

猫の警戒姿勢で丸める

肩甲骨の下部がまっすぐ上に引っ張られるようなイメージで背中を持ち上げていく。

3秒で丸めて…

ここまでで
2分／5分 ＝10秒×6回

3

背中の筋肉を収縮させて
お腹を伸ばす

顎をできるだけ前に出すような感じで腹を引き下げ、お腹の筋肉を引き伸ばしていく。

STRETCH

1日たった5分でOK

ながら腹凹ストレッチ

3

腰まわりの筋肉をほぐして再強化

「肉月」に「要」と書く通り、腰は人の動きの中心部です。上半身の重さを支えると同時に、地面からの衝撃を受け止めるという大切な役割を担っています。腰まわりの筋肉が衰えると、負担がそのまま骨にかかって腰痛の原因に…。腰痛の予防・改善のためにも、腰まわりをほぐして柔軟性を取り戻しましょう。

1

片膝をついて背中を伸ばし手を頭上にまっすぐ掲げる

右脚を前に出して左膝をつき、まっすぐ前を見て両手を頭上に掲げるようにして重ねる。

2

わき腹を中心に体幹全体をひねる

骨盤を動かさないようにして上半身を３秒かけてできるだけ右側に回し、そのまま７秒キープ。

3

左右交互に10秒ずつを3回行う

２を終えたらゆっくり1の姿勢に戻して、今度は左脚を前に出して右膝をつく。同様に３秒かけてできるだけ左側に回し、そのまま７秒キープ。

ここまでで

3分／5分 ＝ 10秒 × 右3回 左3回

4 わき腹と内ももをひねり柔軟力アップ

なかなか落ちないわき腹のぜい肉。ひねりを加えることでアウターマッスルとインナーマッスルを同時に伸ばすと、くびれ効果が期待できます。一方、内ももは足を閉じるときに使う筋肉です。骨盤の安定やO脚&X脚の改善にも関わる重要な部位で、引き締めることで立ち姿を美しくしてくれます。

1 わき腹にひねりを加えて刺激する

片膝を９０度に曲げ、反対側の脚は後ろへ伸ばす。手は肩の下で支え、脚を曲げた側に３秒かけて上半身をひねり、そのままの体勢で７秒キープ。

ここまでで

4分／5分 ＝10秒×3回

2
曲げた側の股関節も意識

今度は脚を入れ替えて、さっきとは逆側に3秒かけてひねりを加えて同様に7秒キープ。これを左右交互に全部で3回ほど繰り返すのが理想。

3秒でひねり
7秒キープ

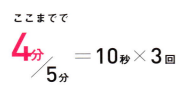

STRETCH

1日たった
5分でOK

ながら腹凹ストレッチ

5

体の横の筋肉をググッと引き締める

立った状態から上半身を横に倒して、体の横の筋肉を伸ばしていきます。ポイントは、側面を伸ばすときに「なるべく骨盤を動かさないように意識すること」です。側面の筋肉だけでなく背中の筋肉も伸ばせるので、ダイエット効果がアップ。また、腰痛や肩こりも防ぐ、しなやかな筋肉へと変えてくれます。

1

手のひらを前に向けてまっすぐ上に

片手を腰にあて、反対側の手は「ハイッ」と返事をするように、手のひらを前に向けてまっすぐ上に上げる。

これでカンペキ

5分／5分 ＝10秒×右3回 左3回

3秒で倒し
7秒キープ

2

腰骨上部を意識して
体の側面を伸ばす感じで

上半身が前後に揺れないようにして、３秒かけてできるだけ真横に倒し、そのまま７秒キープ。これを左右交互に３回ずつ繰り返す。

COLUMN 3

疲れて帰って来た日こそストレッチを

仕事が忙しかった日や、スポーツで汗を流した日は、しっかりと睡眠を取って翌日に疲れを残さないようにしたいものです。

しかし、さらに回復効果を高める方法として「1日の終わりにストレッチする習慣」を身に付けましょう。

筋肉は運動不足で硬くなっていたり、逆に運動によって疲労が溜まっていたりすると、血流が悪くなって回復が遅れてしまいます。しなやかで柔軟性のある筋肉は回復力が高いので、ストレッチでほぐすことで翌日に疲労が残りにくくなるのです。

翌日に疲労が残っているかどうかの目安は、起床時の心拍数で分かります。前日よりも心拍数が高い場合は疲労が残っている状態で、前日と同じ、あるいは低い場合は体が回復している証拠です。

また、ストレッチには副交感神経を優位に働かせ、睡眠の質を高める効果もあるので、ぐっすりと眠ることができます。

Step4

カロリー消費効率が上がる

「モデルウォーク」をマスターしよう

Model Walk

MODEL WALK

正しい姿勢を維持すればより体幹力がアップし腹凹に！

ファッションショーで颯爽とランウェイを歩くモデル。彼女たちがキレイに見えるのは、スタイルだけでなく「姿勢」と「歩き方」が美しいからです。

このＳｔｅｐで紹介するモデルウォークを実践すれば、体幹を効果的に鍛えることができ、その分だけ腹凹効果もアップします。そこで、まずは基本となる正しい姿勢を身に付けていきましょう。

正しい姿勢は左右・前後ともに重心のバランスが取れた状態で、正面および横から見たときのポイントは左ページで解説しています。毎日、鏡の前で確認して意識せずとも自然にこの姿勢をつくれるようになるのが理想です。

実は、この**正しい姿勢を維持するだけでもお腹の筋肉が引き伸ばされるので、ウエストが数センチ減少**します。慣れないうちは苦しいかもしれませんが、それは体幹力を失っている証拠。日頃から正しい姿勢を心がけ、できるだけ腹凹コンディションを保てるようにしましょう。

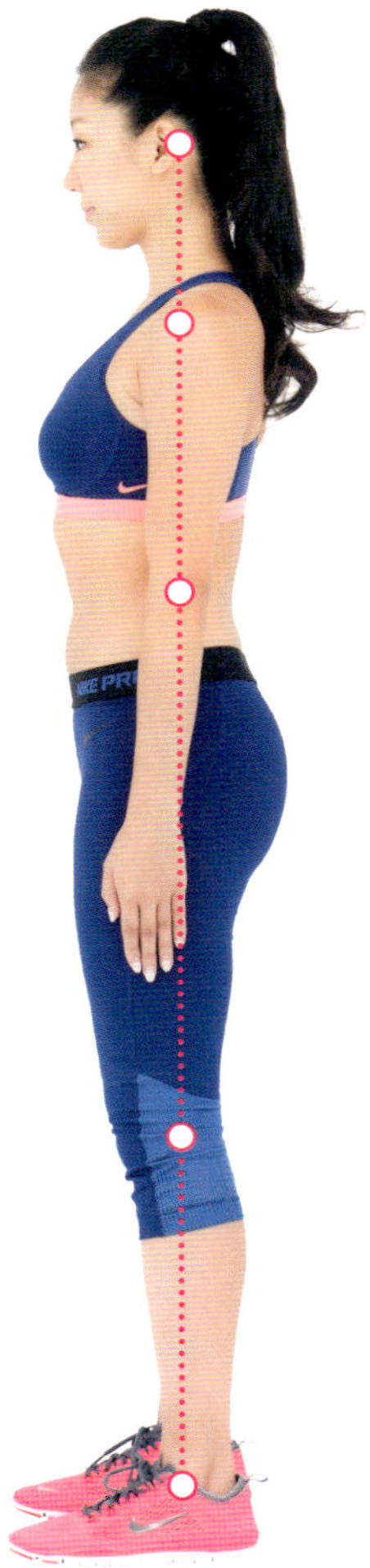

耳・肩・膝・くるぶしが一直線になるように

横から見たときは、耳・肩・膝・股関節・くるぶしが一直線になるように。力を抜いて自然に胸を開き、顎を軽く引くのがポイント。

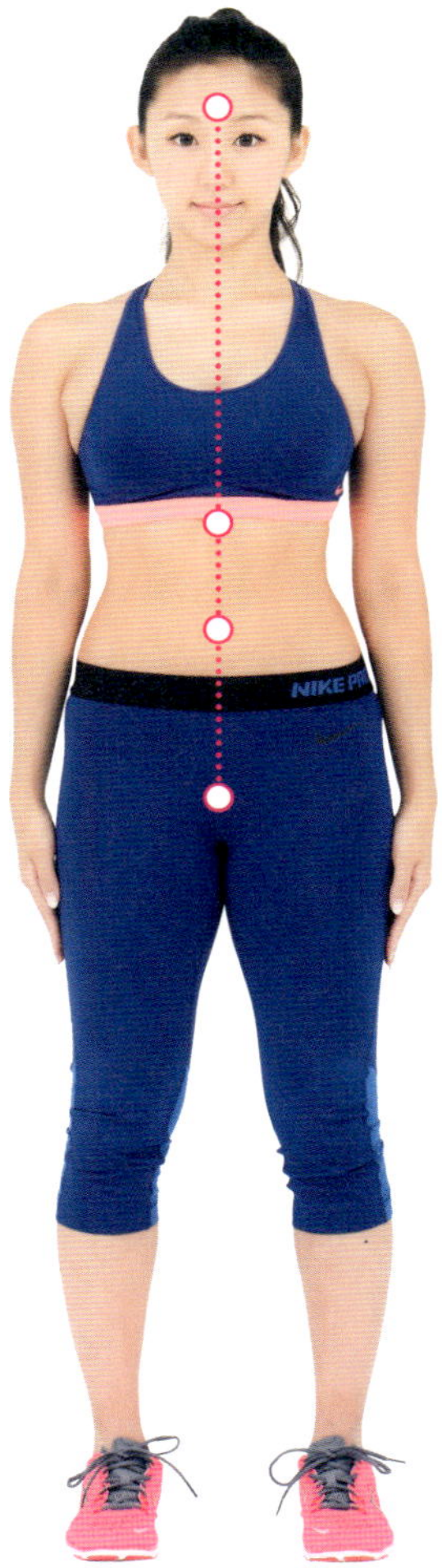

足を骨盤幅に開いてリラックス

正面から見たとき、眉間・みぞおち・おへそ・恥骨の中心部を結んだ点が真っすぐになるように。足幅は骨盤の幅と同じくらいでＯＫ。

カロリー消費効率が上がるドローインって？

「ドローイン」は体幹を鍛える上で欠かせない、基本ともいえるメニューです。方法はとっても簡単で「ゆっくり空気を吸い込んでお腹をふくらませ、その後、ゆっくり息を吐きながら徐々にお腹を凹ませる」だけ。

ドローインを行うと、お腹や骨盤を支える深層部の筋肉（インナーマッスル）が刺激されます。インナーマッスルは日常生活で意識的に使う機会が少ないので、ドローインによってこの部位を刺激することで、動かせる筋肉を増やすのが狙いです。**動かす筋肉が増えれば、その分だけ基礎代謝が上がるため、結果として脂肪を燃焼させやすくなる…**。つまり、**カロリー消費効率がアップする**のです。また、ドローインはお腹の内部にかかる圧力を高めるので、姿勢を改善したりポッコリ下腹を引き締めたりする効果も期待できます。

ドローインの方法は左ページの通りですが、正しい姿勢ならば**立った状態や座った状態でもＯＫ**なので、日常生活にも取り入れてみましょう。

1

下腹を思いっきり
ふくらませる

肩甲骨から背中、骨盤全体が床に密着するように寝て、3秒でお腹をできるだけふくらませる。

3秒でふくらませ…

2

息を止めずに
お腹を引き込む

肩の力を抜いて、息を止めずに5秒で吐ききり、限界までお腹を凹ませたまま10秒キープを2〜3セット。

5秒で吐ききる

MODEL WALK

ドローインを意識した歩き方を心がけよう

正しい姿勢とドローインを意識すると、歩き方も自然と美しくなり「モデルウォーク」を実践できるようになります。その理由は、体幹の深い部分にある筋肉が働き、しっかりと上半身を支えてくれるからです。

しかし、効果は見た目の美しさだけではありません。**モデルウォークは体幹を働かせて歩くため、通常のウォーキングよりもカロリー消費効率がアップし、ダイエット効果や腹凹効果も得られます。**また、下半身の力だけで歩くときよりも足取りが軽くなり、長時間歩いても疲れにくいというメリットがあります。

歩くときのコツは「肩甲骨を動かすこと」と「足を直線上に運ぶこと」。普段、ヒールを愛用している人も、なるべく普通の靴でモデルウォークを練習し、正しい歩き方を体に覚えさせるようにしましょう。不思議なことに、目線を上げ、背筋を伸ばして歩くだけで、気分も上向きになります。ランウェイを歩くモデルになったつもりで気持ちよく歩きましょう。

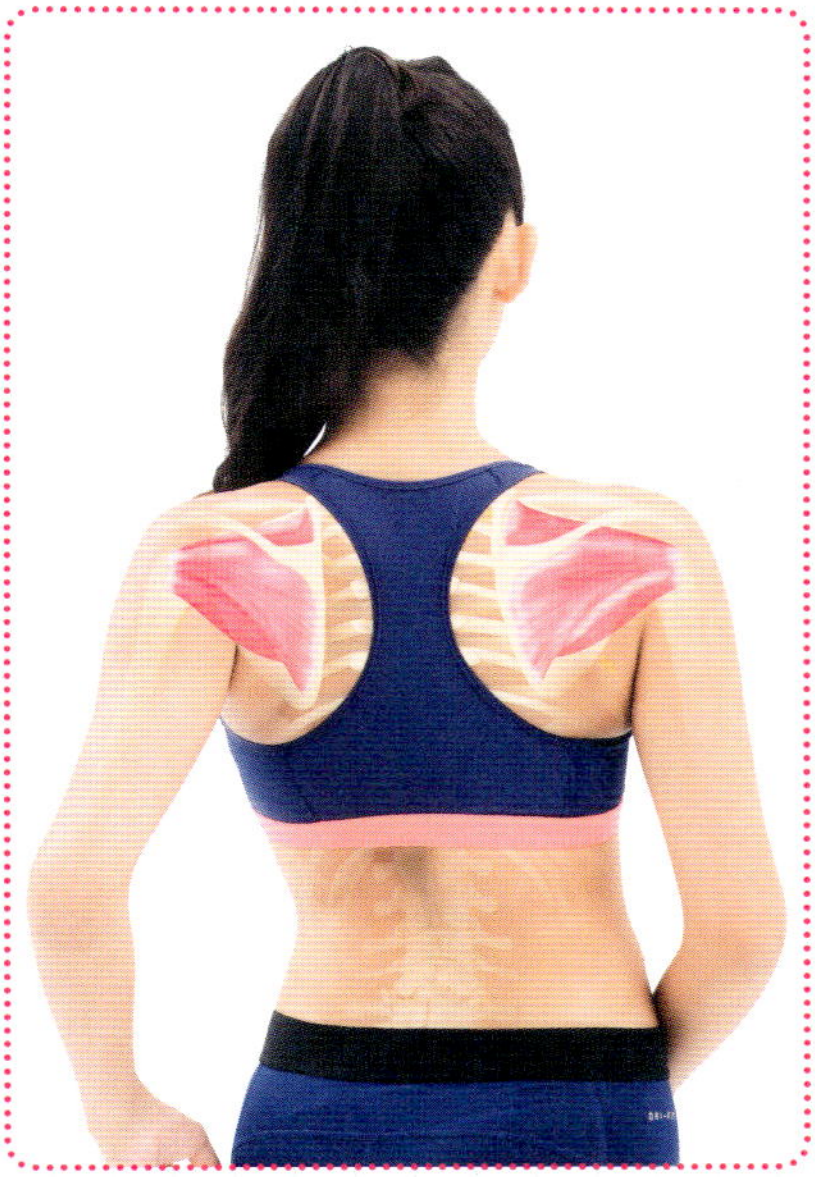

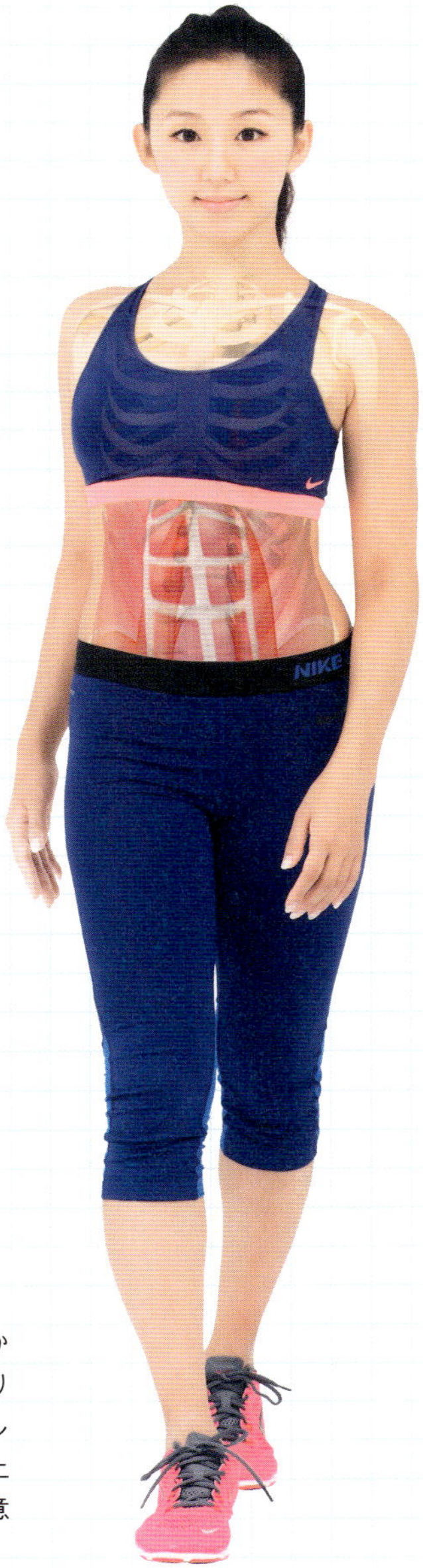

Point

腕は肩から先を振るのではなく、後ろに引く意識を持って肩甲骨から動かす。すると体幹部の筋肉と連動して脚が動くので歩行が軽く感じられる。

Point

歩くときは踵の外側から着地して親指で蹴り出す。歩幅は自然にして、まっすぐな線の上を歩いているような意識で足を運ぼう。

女優やモデルが実践している

ドローインウォーキング

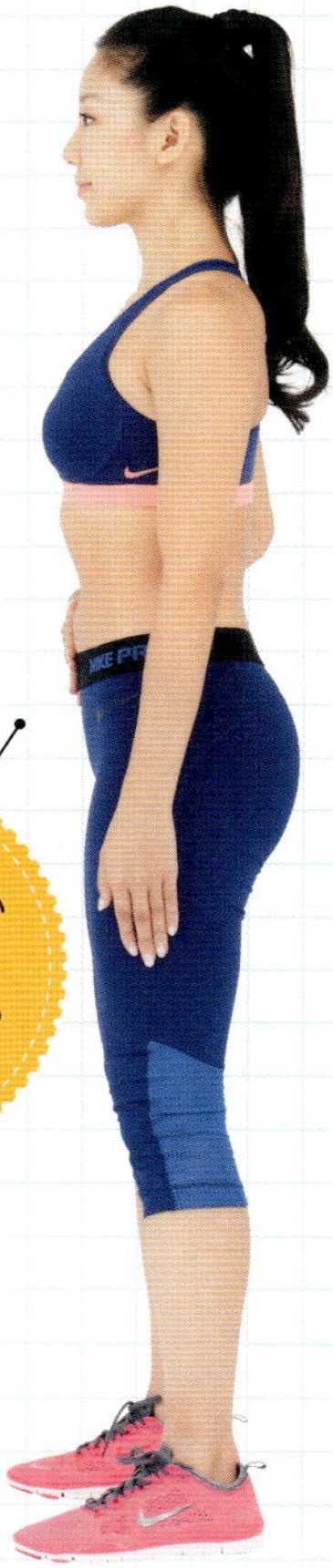

Point

上半身の力を抜いて、リラックスした状態を意識するように。

1

背骨の自然なＳ字を意識して立つ

まずは力を抜いて普通に呼吸し、正しい姿勢を維持する。姿勢を水平にしてまっすぐに立つ。

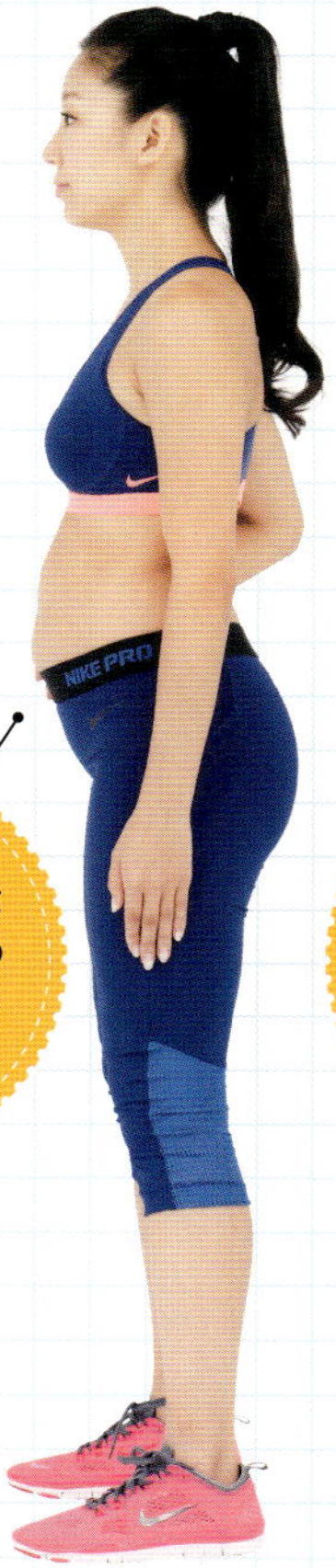

Point

骨盤が動かないよう意識し、お腹の筋肉を使ってふくらませる。

2

下腹部を意識的に膨らませる

東洋医学で「丹田」と呼ばれるおへそのまわりを意識して、お腹をできる限りふくらませる。

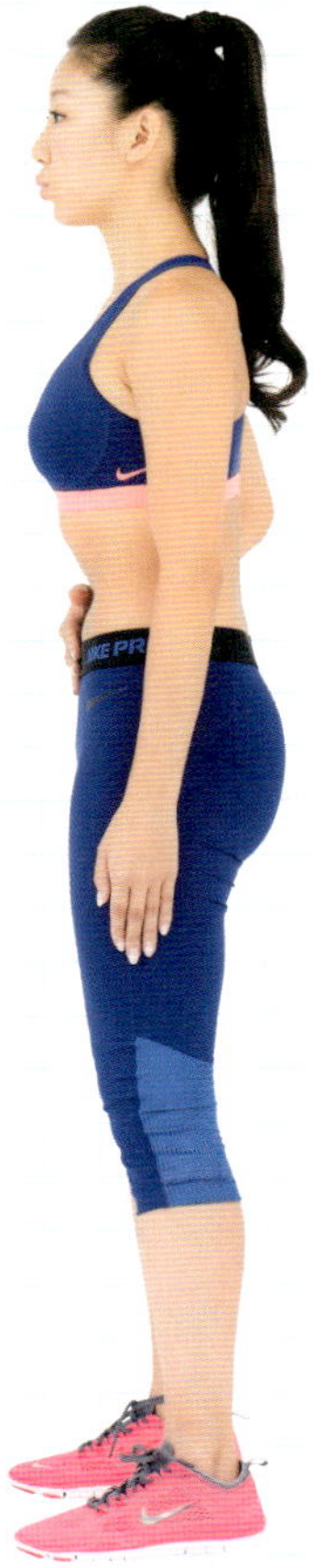

3

肩を上げずに
お腹だけ引き込む

肩の力を抜いて息を吐き、お腹を限界まで凹ませた状態で、そのまま普通の呼吸をする。

4

肩甲骨を使って
体幹で歩き出す

体幹部の筋肉に力が入っていることを意識したまま歩き出すと、脚運びがスムーズに。

COLUMN 4

トレーニング時の服装はパジャマでＯＫ

本書で紹介している体幹メニューは、いずれも専用のトレーニング器具を使う必要はなく、自宅で行えるものばかりです。いつでも気軽にトレーニングできるのがメリットなので、部屋着やパジャマなどの「動きやすい服装」ならば何でもＯＫです。

ただし、より高い効果を期待したい人には、スポーツ用のコンプレッションウェアをオススメします。筋肉を圧着させた状態でトレーニングすると、筋肉に締まりが出て血流がアップします。「格好から入る」というのは意外と侮れないもので、専用のウェアを用意することでモチベーションを高めることもできます。近年は女性向けにカラーバリエーションを揃えたコンプレッションも多く発売されているので、ぜひ自分の好きなカラーを選んでトレーニングしてみてください。

なお、床がフローリングの場合は滑る危険性があるので、裸足で行うか、カーペットやヨガマットの上で行いましょう。

Step 5

キレイな“私”をキープしよう

リバウンドしない カラダ作り

No Rebound

NO REBOUND

リバウンドしない秘密とは？

苦しいダイエットを乗り越えて、なんとか理想の体重に！　でも気がついたらすぐに体型が元通り…。そんなリバウンド経験を持つ女性も多いと思いますが、実はその原因、インナーマッスルの弱さかもしれません。

「インナーマッスルを鍛えている人は代謝が高い」という特徴はＳｔｅｐ１でも説明した通りです。インナーマッスルが働くことでアウターマッスルに連動するので、インナーが弱いとアウターへと上手に力を伝えることができません。力が伝わらないということは筋肉が十分に働かないので代謝が悪くなり、リバウンドしやすいカラダになってしまいます。

ちなみに**食事制限のみで体重を落とそうとすると、インナーが鍛えられないばかりか、アウターも落ちてしまうため、より太りやすい体質に…。一方、体幹ダイエットならば、インナーをしっかりと鍛えるメニューを組んでいるため、リバウンドしにくい体へと生まれ変わることができるのです。**

インナーマッスルとアウターマッスルの
デメリット比較

インナーマッスル
作るのに時間がかかる
↓
持続的なトレーニングが必要

アウターマッスル
筋肉が落ちやすい
↓
リバウンドしやすい

NO REBOUND

思うように減らない！　そんな時は？

順調に体重が落ちていたのに、ある日突然、ピタリと止まってしまう…。ダイエットの天敵ともいえる存在が停滞期です。

そもそも**停滞期は、急な体重の減少に対して、体が自分を守ろうとするために働く機能**です。多くの場合、**ダイエット開始から1カ月後、または体重の約5％減少後に起こり、2～4週間ほど続く**といわれています。

ここで絶対にやってはいけないのは、諦めてしまうこと。**停滞期はあくまでも一時的な機能なので、起こるのは当然だと割り切って「これまで通り体幹ダイエットを続ける」のが一番**です。体重が落ちない期間も、トレーニングを続けている限り着実に体幹は鍛えられ、やせやすい体へと生まれ変わろうとしているのですから。なお、代謝を高めてから体幹ダイエットのメニューを行うと効果がアップするので、入浴後などの汗腺が開いた状態でトレーニングするなど、停滞期を機にこれまでとは違ったアプローチを試してみるのもいいでしょう。

停滞期の対処法

これまで通りのメニューを続ける

停滞期は一時的に起こる体の機能。日々の体重変化に気を取られすぎないように、慌てずこれまで通りのメニューを続けること。

お風呂などで体を温めてから行う

汗腺を開いて代謝を高めてからトレーニングすると効果がアップするので、入浴後やウォーキング後など体を温めてから行ってみる。

チートデイを作る（食事制限併用時）

食事制限をしている場合、1日だけ消費を上回るエネルギーを摂取すると、体の機能がだまされて停滞期が短くなることも。

❶ お腹がキュッと引き締まるクランチ

クランチとは、いわゆる腹筋運動のこと。主にお腹正面の筋肉を鍛えるエクササイズですが、上半身を起こすときにインナーマッスルも連動して働くため、お腹の引き締めと体幹部の強化につながります。お腹に小さな刺激を繰り返し与えることで筋肉が活性化していきます。

＼3秒で上げて…／

1

まずは床に寝て ゆっくりドローイン

肩甲骨から背中全体、腰までをベタッと床につけて、両膝を立ててゆっくりドローインする。

Point

高く上げる必要はない。おへそを見るような感じで、腹筋力で姿勢を保つことが大切。

これを
3回

2
お腹の力だけで上半身を起こしていく

お腹に力を入れて3秒間ゆっくりと息を吐きながら
肩甲骨まで起こし、その状態のまま7秒キープ。

② 腰まわりと太ももにはコレ！ ハーフスクワット

一見、下半身のトレーニングに見えますが、お尻と太ももの筋肉を動かすことによって、体幹部の筋肉も連動して鍛えられるエクササイズです。インナーマッスルにも効くのでお腹にも締まりが出てきます。上半身が前に倒れてしまうと、軸を安定させられず、体幹部のトレーニング効果が薄れてしまうので要注意！

3秒で 腰を下ろし…

1 ドローインしてスタンバイ

足を肩幅より少し広げ、体軸が真っすぐになるように意識して立ち（正しい姿勢）ドローイン。呼吸は止めないように。

Point
視線はまっすぐ
前に。膝と
つま先もまっすぐ
前に揃える。

2
膝が45度になるまで腰を下ろす

腕をまっすぐ水平に差し出して「前にならえ」の形を作る。そこから骨盤の角度を変えずに腰を3秒かけて下ろしていき、7秒キープ。上半身が前に倒れないように注意しよう。

これを
3回

③

ヒップはもちろん体幹全部に効果アリ フロントブリッジ

つま先と両肘だけで体全体を支えます。非常にシンプルなエクササイズですが、お腹を引き締めて上半身を持ち上げることで、体幹部すべての筋肉だけでなく、お尻や太ももの筋肉も鍛えられます。その効果は絶大で、体幹トレーニングを代表するメニューのひとつです。

3秒で上げて…

1

うつ伏せでリラックス

うつ伏せになって両肘を床につけ、つま先を立てるようにして軽くお腹を引き込む。

2

体幹を緊張させて上半身を水平に保つ

まず息を吐きながら腰を持ち上げ、3秒で上半身を床から浮かせてその姿勢を7秒キープ。

7秒キープ

Point

上半身を支える際、お尻から脚までの筋肉を全体的に使っていることを意識するように。

NG

お尻を突き出すような感じで腰だけ上がってしまわないように注意しよう。

これを
3回

④ より効果が上がる中級者トレーニング

連動Vクランチ

腹筋運動のクランチにはさまざまなバリエーションがありますが、連動Vクランチもそのひとつ。対角線上の腕と脚を上げることによって、体幹部の筋肉により高い刺激を与えます。最初はかなり大変かもしれませんが、それは体幹が鍛えられている証拠。続けることでリバウンドしない体が作られます。

＼3秒で上げて…／

1

片手片脚を伸ばして仰向け

床にペターッと仰向けになり対角線上の手脚（左脚と右手）を伸ばす。そしてもう片方の右膝を９０度にして立てる。

2

おへそを支点にして対角組の手脚を持ち上げる

おへその下部を支点にするイメージで、1で伸ばした対角組の手脚とを3秒かけてゆっくり上げていき、7秒間キープ。

Point

床につけた手足の力は抜いておく。お腹をのぞくようにして上半身を持ち上げよう。

これを交互に
3回

3

腕と脚を連動させる

7秒キープが終わっても油断大敵。上がっている手脚はゆっくり下ろさなければ意味がない。これを交互に3回行う。

COLUMN 5

無理な食事制限はしないほうが吉

「ダイエット＝食事制限」というイメージを持つ女性が多いため、ダイエット時に無理な食事制限を行うケースも目立ちます。しかし、ほとんどの人はダイエット後に食事内容を戻してしまうため、結果的にリバウンドを起こして逆効果になることも…。

もちろん、適切な食事制限はダイエット効果を高めてくれます。「炭水化物を控え目にする」「バランスの良い食事を心がける」などが代表的で「トレーニング後30分以内にタンパク質を摂取する」のも有効です。

しかし、まずはこれまで通りの食生活のまま、体幹ダイエットを行ってみてください。体幹を鍛えていけば、少しずつやせやすい体へと変化します。「体が軽くなった」「くびれができた」といった実体験は、健康意識を芽生えさせるはずです。食生活を見直すとしたら、意識が高まったこのタイミングです。無理のない適切な食生活で理想のスタイルを維持できるようにしましょう。

Step 6

10年後も女子力を保つ

かんたん
ボディメイキング

Body
Making

BODY MAKING

ボディメイキングを心がけて カラダの芯からキレイになろう

女子力を保つためのボディメイキングとは、ずばり「体の不調を防ぐための肉体作り」です。そのために大切なのは、やはり本書を通じて何度も重要性を説いてきた「姿勢」です。

正しい姿勢を作りあげる筋肉…つまり体幹部のインナーマッスルが弱っている人は、首や肩のこり、腰や膝の痛みなど、あらゆる体の不調を呼び寄せます。**放置すれば体の老化を早め、「ロコモティブシンドローム」や「サルコペニア」といった症状の原因に**もなりかねません。

だからこそ、今のうちからしっかりと体幹を鍛えておく必要がありますが、結婚を機に家庭に入ったことで運動不足になる女性も少なくないようです。また、**出産を経て「骨盤底筋群」の筋力が低下し、さまざまな不調が起きる**のも深刻な問題です。そうした不調の原因を理解し、不調を遠ざけるためのボディメイキングを心がけること。これが女子力の維持&アップにつながるのです。

出産後の身体の変化で どのようなことに 気がつきましたか？

（20～49歳の出産経験女性1000人　複数回答）

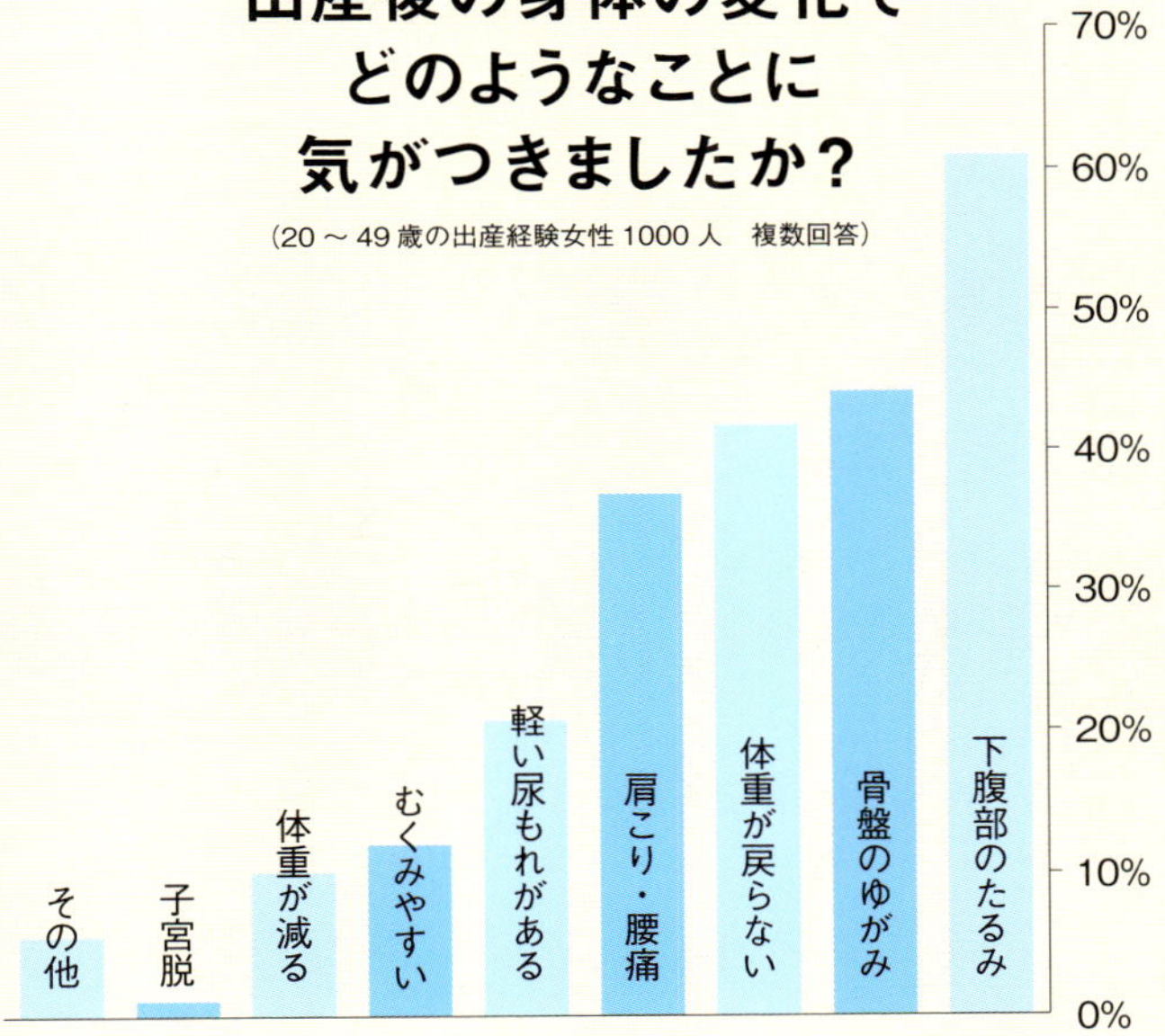

妊娠～出産がきっかけで 尿もれの変化がありましたか？

（経験した、していると回答した652人）

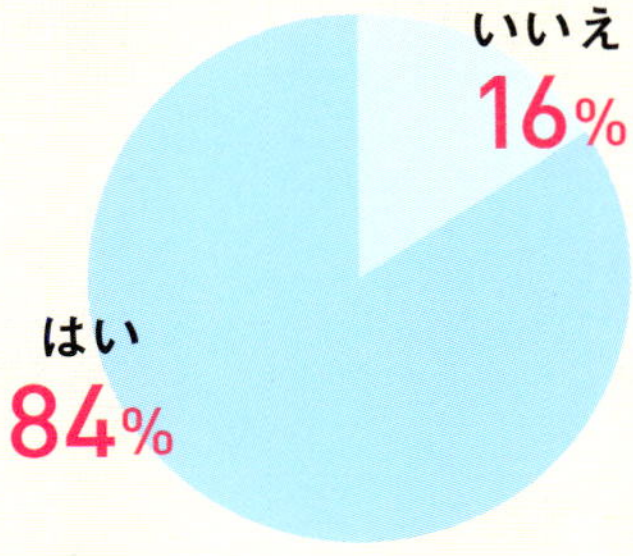

あなたは尿もれを 経験したことがありますか？

日本全国の20～49歳の出産経験女性1000人

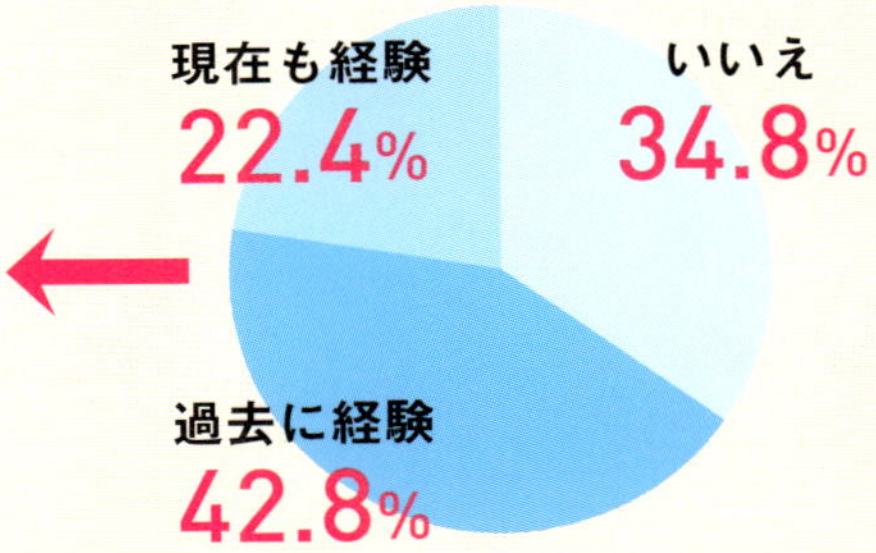

2012年発表　日本製紙クレシア株式会社「産後ケアに関する意識調査」より引用

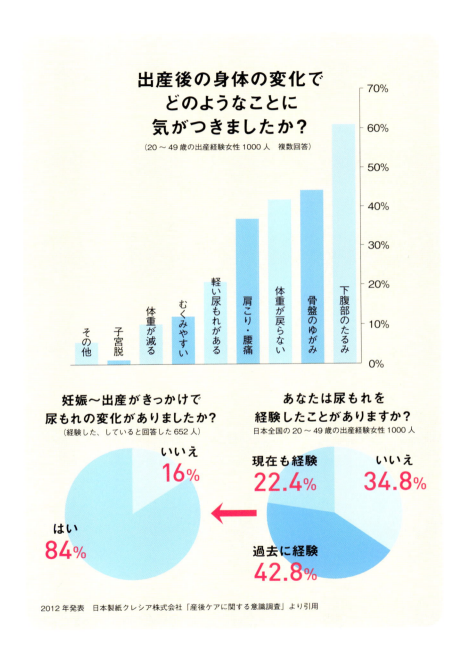

キーワードは骨盤底筋群

お腹まわりにはインナーユニットと呼ばれる、体幹において重要な筋肉が４つあります。呼吸に関わる横隔膜、背骨を支える多裂筋、お腹を支える腹横筋、そして骨盤を支える「骨盤底筋群」です。

骨盤底筋群は、その名の通り骨盤の底にある複数の筋肉の総称です。骨盤を上から見ると中央部がぽっかりと空いていますが、これは排泄や出産のために必要なスペースで、この部分を覆っている筋肉群です。

骨盤底筋群には大きく３つの働きがあります。１つ目は**「内臓を支える働き」**で、膀胱や子宮をはじめ、インナーユニットの中にある内臓をハンモックのように下から支えています。２つ目は**「排泄をコントロールする働き」**で、普段は尿道や肛門の筋肉を収縮させることで排泄を防いでいます。３つ目は**「体幹と脚をつなぐ働き」**で、骨盤と股関節を安定させる筋肉の１つとして、下半身を支えるお手伝いをしています。

骨盤底筋群とは
女性の大事な部分を支える
ハンモックのような役割

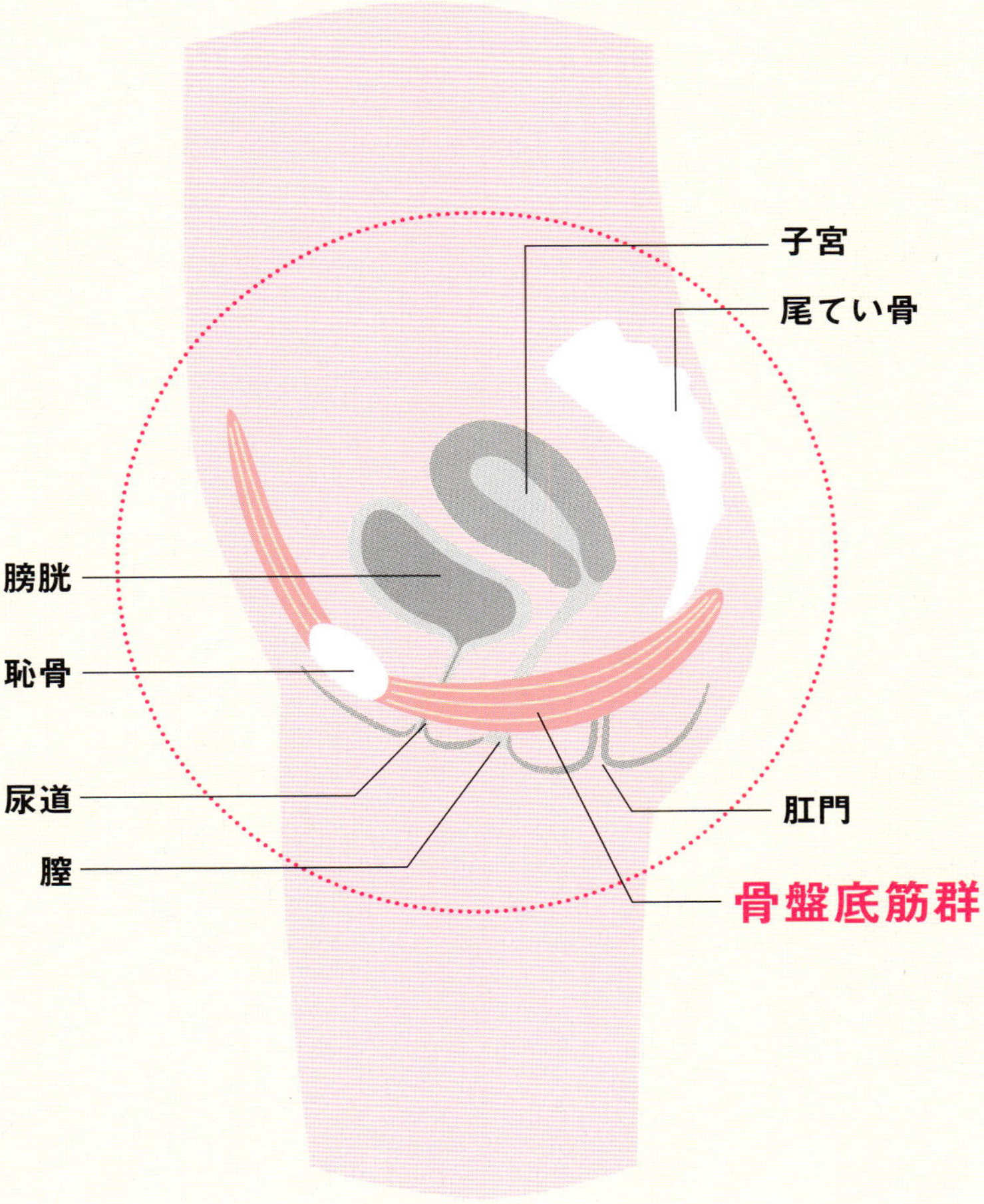

女子力を上げるには底筋群の強化が必須

87ページで出産後の体の変化について紹介しましたが、その内容は「下腹部のたるみ」や「尿漏れ」など、いずれもネガティブなものばかり…。ただし、これらの**悩みの多くは、骨盤底筋群を鍛えることで改善される**可能性が高いのです。

骨盤底筋群は膣の開閉もコントロールしているため、**出産時に膣が大きく開くことでダメージを受けてしまいます。そうなると、筋肉が緩んで機能が低下するため、尿漏れ・骨盤のゆがみ・腰痛など、さまざまな不調を招きます。産後のポッコリ下腹も、支えきれない内臓が下に落ちてしまうから**で、悪化すれば子宮脱などの骨盤臓器脱を引き起こす恐れもあります。

こうしたトラブルは、骨盤底筋群を鍛えて機能を回復することで予防・改善できますが、出産未経験の女性も油断できません。加齢とともに筋力は衰えていきますし、若くても体幹が弱い女性は要注意です。いつまでも健康美と女子力を保つためにも、骨盤底筋群の強化は欠かせないのです。

骨盤底筋群が弱まると……

- 性機能の低下
- 尿もれ
- 膀胱脱
- 頻尿
- 尿失禁
- 内臓下垂
- 便秘症
- 子宮脱

↓

さらに重大な病気の原因にも

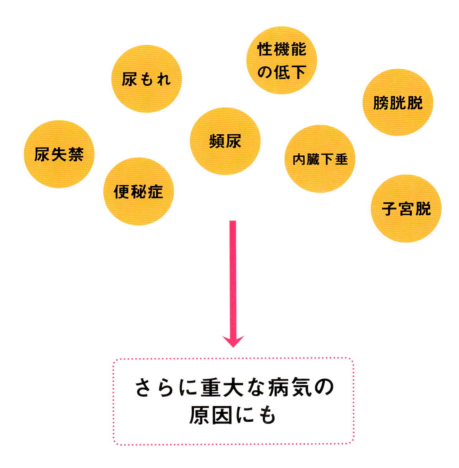

若いからって油断できない ロコモティブシンドローム

私たちが体を自由に動かすことができるのは、骨・関節・筋肉・神経などから構成される「運動器」が連携し、正常に働いているからです。どれかひとつが悪くなっても体を自由に動かすことができませんが、こうした**運動器の障害によって「立つ」や「歩く」といった移動機能が低下した状態をロコモティブシンドローム（ロコモ）**と呼びます。」

ロコモは超高齢社会に向けて誕生した概念なので、若い人には関係ないように思えますが、**最近では小・中学生のうちからロコモの兆候が見られ、若い女性にもロコモ予備軍が急増**しているのです。その原因が食習慣なのか運動習慣なのかはっきりとは分かっていませんが、**放っておくと移動機能が気づかないうちに衰えていき、筋肉が関節を支えられず歩行障害などになる可能性**も！

だからこそ、若いうちから体幹を鍛えて姿勢を整え、健康な体を維持する意識が大切です。ロコモ予防は運動器の老化を防ぐアンチエイジングといえます。

あなたも
ロコモ予備軍かも!?

片足でくつ下がはけない

ちょっとの段差ですぐつまずく

重いものが持てない

女性の天敵！ サルコペニア

サルコペニアとは、全身の筋肉量や筋力が低下する状態のことで、ロコモティブシンドロームの原因のひとつです。

サルコペニアになると「歩くスピードが遅くなる」「転倒や骨折のリスクが増える」などの悪影響が考えられ、ロコモと同じく高齢者に多い症状です。要因は加齢ですが、若い人でも運動不足によって筋肉が著しく衰えているケースがあり、20代・30代にもサルコペニア予備群がいるといわれています。

特に、**食事制限だけでダイエットを試みる若い女性は注意が必要**です。というのも、**運動をしないで体重を落とすと、脂肪だけでなく筋肉も少なくなってしまう**からです。

左ページのグラフは20歳からの筋肉量の変化率を表しています。加齢とともに筋肉量が減るのは仕方がないことですが、**適切なトレーニングを続けることで筋肉の衰えを最小限に食い止め、若々しいスタイルを保つことができます。**

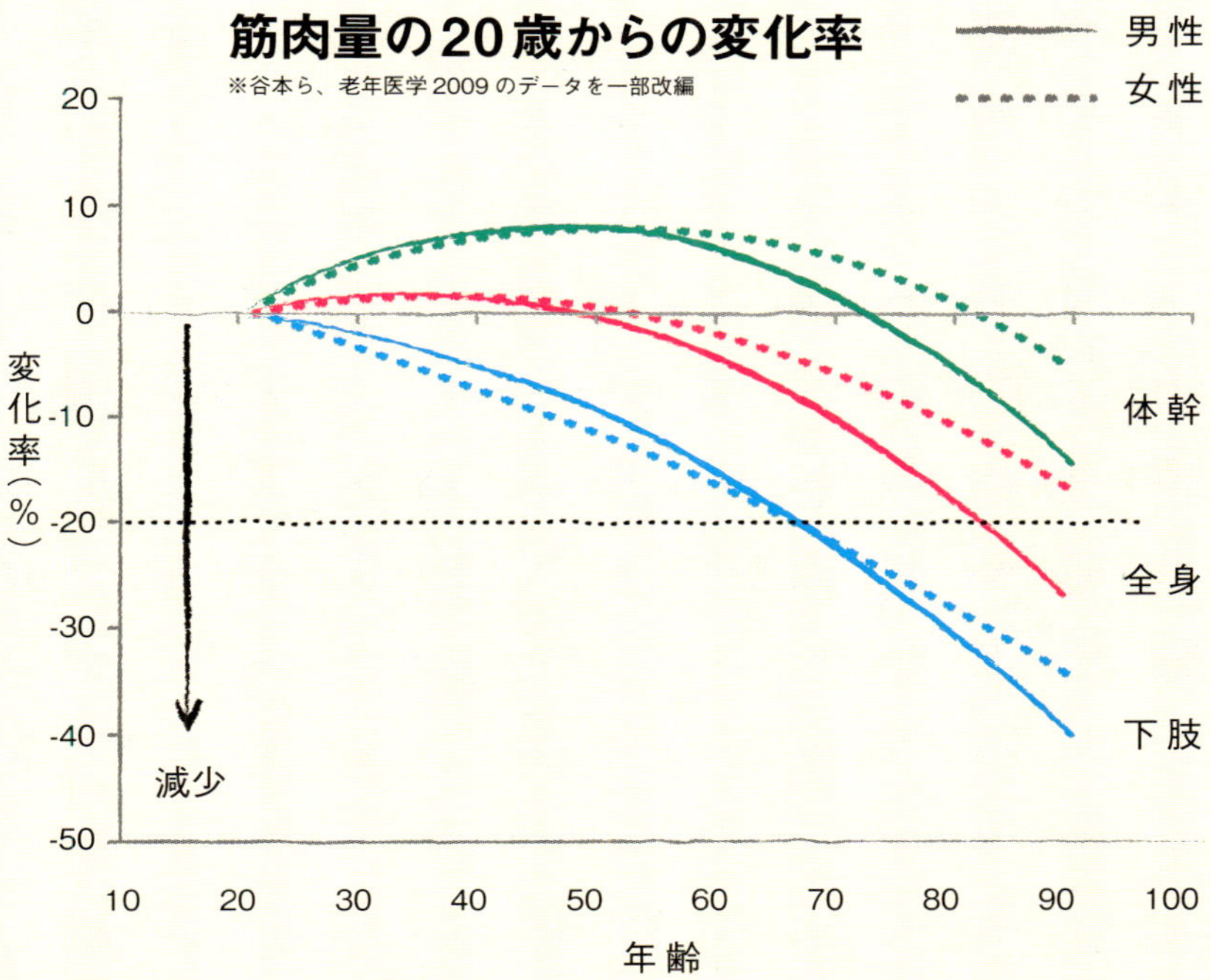

筋肉の低下は下半身から始まる

体幹や全身の筋肉量が30代以降もプラスの変化率であるのに対し、下肢は20代からマイナスに。下半身の筋肉が衰えやすいことに留意しよう。

骨盤底筋群に効くエクササイズ❶

骨盤底筋群はインナーユニットの筋肉（横隔膜・多裂筋・腹横筋）と連動して働くため、インナーユニットを重点的に鍛えることで骨盤底筋群の筋力も鍛えられます。尿道・膣口・肛門を引き締めるように意識しながら行いましょう。また、太ももにペットボトルを挟んで行うと、トレーニング効果がさらにアップします。

Point

太ももの間に500mlのペットボトルを挟んで行うと効果的。内ももを締めることで骨盤が安定する。

1

体の力を抜いてスタンバイ

体の力を抜いてリラックスし、仰向けになり軽くドローインしながら膝を曲げて両脚を上げていく。

2

腕自体の重さを利用しよう

腕を床から離して水平にし、お腹の力で上半身を３秒かけて持ち上げ、７秒間キープ。

Point

膝裏は90度を保って、息を吐きながら上半身を静止させる。戻すときもゆっくりと。

7秒キープし…

5秒で下ろす

3秒で腕を上げて…

これを3回

骨盤底筋群に効くエクササイズ②

骨盤底筋群は正しい姿勢を維持することで鍛えられます。このエクササイズでは、正しい姿勢を維持するために欠かせない上半身と下半身をつなぐ筋肉や、背中・お尻の筋肉を同時に鍛えていきます。なお、お尻の筋肉はアウターマッスルまで鍛えられるので、キュッと引き締まった美尻効果も期待できます。

1
リラックスして準備姿勢

両手を肩の下にくるようにペタッとつく。膝は股関節と90度になるような姿勢を意識。

2
膝を引き込んで体を縮める

背中を大きく丸め、片方の膝をできるだけ胸に向けて引き込み、そのまま5秒キープする。

5秒キープ

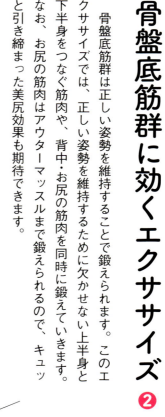

3

頭からつま先まで体全体を伸ばすイメージで

縮んだスプリングが伸びるような感覚で、体全体をゆっくりと伸ばしていき、そのままの姿勢で１０秒キープ。

10秒キープ

Point

耳から骨盤、つま先までが、できるだけまっすぐ、水平を保つようにしてキープする。

NG ×

骨盤が旋回して開いてしまったり、脚が上がりすぎると体幹部への効果が低くなってしまう。

左右交互に
3回ずつ

ロコモティブ サルコペニアに効く 関節強化エクササイズ ❶

脚を大きく動かすことによって、背骨と骨盤まわりの筋肉を伸ばします。筋肉が固まっていると、その分だけ関節に負担がかかり、ロコモ予備群になってしまう恐れも…。筋肉が硬い人は、最初のうちは両肩が浮いてしまうかもしれませんが、継続することで柔軟性を取り戻すことができます。

1 体を安定させて片脚を垂直に上げる

整った姿勢で仰向けになり、両手を水平に広げ、片脚をできるだけ垂直になるように上げる。

2

3秒かけて
脚を真横に倒していく

視線は真上に向けたままで、上がっている脚を骨盤からグーッと動かして反対側に倒していく。

＼3秒で倒す／

3

手を添えてさらに
伸びをキープ

3秒で脚を倒したら、今度は倒した脚の膝に手を添えて、そのまま7秒キープ。両肩とも床についたままが理想だ。

＼7秒キープ／

左右交互に
3回ずつ

ロコモティブ サルコペニアに効く 関節強化エクササイズ❷

上半身と下半身をつなぐ筋肉や、太ももの筋肉を鍛えるエクササイズです。この部位の筋力が衰えると思うように脚が上がらず、些細な段差でつまずいたり転倒したりしてしまいます。また、これらの筋肉を引き締めることで骨盤も安定し、内臓を正しい位置に引き上げられるので、ポッコリ下腹の予防・改善も期待できます。

1

肩の力を抜いてドローイン

足を骨盤の幅に開いて立ち、ドローインしながら手を胸の前でクロスしてスタンバイ。

Point

ドローインで体幹を固定させて、姿勢とバランスを保つ感覚を持つことが大切だ。

Point

膝はまっすぐ前に上げて、上半身がブレないようにバランスを取ること。

2

脚の力を抜いて
太ももだけを持ち上げる

脚の重さを感じなら3秒かけて太ももが水平になるまで持ち上げ、そのまま7秒キープする。

左右交互に
3回ずつ

ロコモティブ サルコペニアに効く 関節強化エクササイズ ③

体幹全体とお尻の筋肉を鍛えるエクササイズです。フォームが乱れると効果が下がるだけでなく、体の軸がずれてしまう可能性もあるので要注意。伸ばした腕と脚、体が床と水平かつ直線になるように心がけましょう。最初のうちは鏡を見ながら正しいフォームを体に覚えさせ、慣れてきてからも定期的に鏡でチェックするようにしましょう。

1

頭からお尻までのラインを真っすぐに

背中が反らないようにして、両手は肩の、膝は股関節の真下になるようにして床につける

2

対角線上の腕と脚を同時に上げる

対角線になる片腕と片脚を同時に、3秒かけて床と水平になるように持ち上げ、7秒キープ。脚が上がり過ぎて腰が反らないよう注意しよう。

＼7秒キープ／

3

腹を引き込んだ状態を保つ

同じように3秒かけて1のポーズに戻り、今度は2と反対の手脚を上げていく。

左右交互に
3回ずつ

KOBA's TAIKAN BALANCE

KOBA☆トレ S License

KOBA式体幹☆バランス

Sライセンス取得トレーナーリスト

【東京都】 福井豊（姿勢改善専門ジム セブンスター／千代田区）、都築昭紀（つづき整骨院／世田谷区）、五十嵐貴仁（いがらし接骨院／墨田区）、岡田敏秀（おかだ整骨院／目黒区）、小林永人（arK／墨田区）、菅澤豊（すがさわ整骨院／江戸川区）、佐野秀樹（六町すまいる整骨院／足立区）、渡部ハヤト（フリートレーナー／足立区）、熊倉崇誠（フリートレーナー／あきる野市）、平間利幸（フリートレーナー／練馬区）、平和樹（やほ駅前鍼灸整骨院／国立市）、宮川将志（ティップネス 吉祥寺店／武蔵野市）、渡辺裕介（ANTTIME FITNESS 南麻布３丁目店／港区）、佐久間亮（リハビリ＆メンテナンス からだケア整骨院／日野市）、清水智弥（辰尾整形外科クリニック／練馬区）、石塚博（久我山ほがらか鍼灸整骨院／杉並区）、後藤智大（久我山ほがらか鍼灸整骨院／杉並区）、横溝拓美（フリートレーナー／小平市）、須江幸代（KOBA スポーツエンターテイメント㈱／江東区）**【神奈川県】** 遠藤浩隆（えんどう整骨院× E training studio ∞／相模原市中央区）、中島裕之（Nakajima 整骨院／横浜市中区）、近藤廉（ふれあいの丘鍼灸整骨院／横浜市都筑区）、齊藤圭吾（なごみ整骨院／横須賀市）、山口智也（とも鍼灸マッサージ治療室／藤沢市）**【千葉県】** 川上英勝（安心堂幕張接骨院／千葉市花見川区）、大野博（光ヶ丘鍼灸整骨院／柏市）、稲田修平（勝田台総合整骨院／佐倉市）**【埼玉県】** 鈴木祥平（川越ふくろう接骨院／川越市）、冨永裕樹（戸田スポーツ接骨院／戸田市）、雨宮弥壱（戸田スポーツ接骨院／戸田市）、藤井琢也（戸田スポーツ接骨院／戸田市）、岩本桂太（コスモポリタンメディカル 新越谷整骨院／越谷市）、大場紀和（コスモポリタンメディカル氷川町整骨院／草加市）、嘉藤啓輔（上尾中央総合病院／上尾市）、畑景大（コスモポリタンメディカル 東川口整骨院／川口市）、末吉智裕（スポーツクラブルネサンス蕨／蕨市）、新酒遼（フリートレーナー・鍼灸師）**【茨城県】** 市村隆（ライフラボ／守谷市）**【栃木県】** 落合義人（おちあい整骨院／片柳町）**【山梨県】** 川上満（Body-Conditioning Salon DiVA／南都留郡）**【北海道】** 岸田直隼（Good 治療院／札幌市東区）**【秋田県】** 菅原照太（にこにこ鍼灸整骨院／秋田市）**【福島県】** 伊藤彰彦（かまた鍼灸整骨院院長／福島市）**【新潟県】** 佐藤涼（近江あおぞら整骨院／新潟市中央区）、小林英樹（小林接骨院／南魚沼市）**【富山県】** 近江純（コアスマイル／富山市）吉田大道、（城北接骨院／富山市）**【石川県】** 平木優（医療法人社団光仁会　木島病院リハビリテーション科／金沢市）**【福井県】** 吉田晋也（日光整骨院／福井市）、牧野孝之（まきの接骨院／福井市）、樫原康二（山正接骨院／福井市）**【静岡県】** 藤島裕介（藤島接骨院 院内トレーニングスタジオ「FAST」／静岡市清水区）、佐藤健（フリーフィットネスインストラクター／袋井市）、柿原奈央子（フリートレーナー／熱海市）、南和志（りく整骨院院長／掛川市）、栗田優（フリートレーナー／掛川市）、久保寺勇太（久保寺接骨院×体幹トレーニングスペース Anchor／富士市）、藤森正和（フジ鍼灸接骨院／湖西市）、杉本将（みなり整骨院／島田市）、森藤僚祐（こころ接骨鍼灸マッサージ院／静岡市葵区）、三嶋隆司（千鳥（Chidori）NPO 法人湖西市体育協会／湖西市）**【愛知県】** 鈴木孝平（RePRO TRAINING STUDIO（すずき接骨院併設）／額田郡）、山本貴嗣（トレーニングスタジオ Shiny／碧南市）、藤城秀規（芯～Ｓｉｎ～／豊橋市）**【岐阜県】** 小池雄大（こいけ接骨院／下呂市）**【大阪府】** 石山博喜（Pilates Room tone／大阪市住吉区）、玄山昌武（くろやま鍼灸整骨院／大阪市生野区）、遠藤由貴（Space Brillo／東大阪市）、高垣昭和（Axis／大阪市住之江区）**【奈良県】** 庄映二（接骨院たなごころ／奈良市）、南原智彦（つなぐ鍼灸整骨院／奈良市）、岡本純一（株式会社 LAFH ろくじょう西整骨院／奈良市）、結城信吾（株式会社 LAFH ろくじょう西整骨院／奈良市）、小泉武司（こいずみ PT 整骨院／香芝市）**【岡山県】** 石崎豊（フリートレーナー／倉敷市）**【広島県】** 船木哲秀（体幹トレーニング教室・スポーツ整体アスルート／広島市西区）、本田祐介（ゆうゆうトレーナールーム鍼灸整骨院／広島市佐伯区）、馬屋原隆世（広島リゾート＆スポーツ専門学校／広島市南区）、西本幸寛（パーフェクトストレッチ舟入本町店／広島市中区）**【島根県】** 坂根太平（フリートレーナー／江津市）**【山口県】** 大谷乃里子（大谷整形外科／岩国市）、田口達也（大谷整形外科／岩国市）**【徳島県】** 岩佐晃弘（すまいる整骨院／板野郡）、河野磨（すまいる整骨院／板野郡）、福田真至（ハッピー阿南／阿南市）、射場潤一（いば整骨院／鳴門市）、速井拓己（いば整骨院／鳴門市）、大林大樹（いば整骨院／鳴門市）、宮崎文男（みやざき整骨院／徳島市）、与能本和憲（ふれあい健康館／徳島市）、向井理（AOK スポーツクラブ／板野郡）**【香川県】** 伊東勝（善通寺ＦＣ／善通寺市）**【愛媛県】** 福岡裕二（笑顔☆からだ作り 工房 南米広場／松山市）**【福岡県】** 大谷成（フェニックス整骨院／大野城市）、内山忠幸（大濠鍼灸整骨院／福岡市中央区）、新名康人（はりきゅう整骨院 康寿庵／福岡市博多区）、山中祐太朗（やまなか整骨院／北九州市小倉北区）、佐藤達也（はるまち駅前整骨院・鍼灸院／糟屋郡）、島崎裕樹（理学療法士／小郡市）、井上恵輔（めぐみ整骨院／北九州市小倉南区）、山領悠介（フリートレーナー／久留米市）、嶌田佳奈（フリートレーナー／福岡市）、宮﨑恭子（はりきゅう療院 MANO（マノ）／福岡市中央区）**【佐賀県】** 水田広記（みずた整骨院／佐賀市）、北﨑太一（理学療法士／鳥栖市）**【大分県】** 柴田清寿（大分トリニータ トレーナー ブルーポイント鍼灸整骨院／大分市）、山下活秀（活整骨院／臼杵市）、北山淩大（活整骨院 大分院／大分市）**【鹿児島県】** 竹田寛晃（フリートレーナー／鹿児島市）、北憲治（健康運動指導士　医療法人 慈風会　厚地健康増進センター／鹿児島市）、大田勝也（健康運動指導士　医療法人 慈風会　厚地健康増進センター／鹿児島市）、内木場文之（医療法人 慈風会　厚地健康増進センター／鹿児島市）、土生さとみ（studio m／伊佐市）**【沖縄県】** 山城修（ヤマシロ鍼灸整骨院／うるま市）、町田英美（株式会社ワイズケア ワイズ那覇天久整骨院／那覇市）

木場克己（こばかつみ）

1965年生まれ。KOBAスポーツエンタテインメント代表およびKOBA式体幹バランス協会会長。柔道整復師、鍼灸師、日本体育協会公認アスレティックトレーナーなどの資格を持つ。アスリートの体幹強化トレーナーとしてスポーツ選手から絶大な支持を集めており、サッカー日本代表の長友佑都選手をはじめ、現在では女子スノーボーダーの岩渕麗楽選手や水泳の池江璃花子選手のトレーナーとしても活躍。一方で女性や子ども、お年寄りへの体幹の普及にも力を入れ、全国各地で公演・実演を行っている。
木場克己オフィシャルサイトは
https://kobakatsumi.jp/

女優《じょゆう》・モデルが密《ひそ》かにやっている
リバウンドしない体幹《たいかん》ダイエット

2018年8月30日　初版第一刷発行

著者　木《こ》場《ば》克《かつ》己《み》
トレーニングモデル　澤《さわ》山《やま》璃《り》奈《な》
発行者　塚原浩和
発行所　KKベストセラーズ
〒170-8457 東京都豊島区南大塚2-29-7
電話 03-5976-9121（代表）
http://www.kk-bestsellers.com

印刷所　錦明印刷
製本所　ナショナル製本
DTP　アイ・ハブ
本文・カバーデザイン　森田　直（FROG KING STUDIO）
積田野麦（FROG KING STUDIO）
撮影　平山訓生
イラスト　植本　勇
構成　松本晋平

 ISBN 978-4-584-13890-8 C2075